Melanie

Melanie Münzenberg

Sehen · Staunen · Wissen

PFERDE

Ein Kulan

Frau und Mädchen in spanischer Reitkleidung auf einem Andalusier-Apfelschimmel

Bronzestatuette eines Kriegers zu Pferde (um 550 v.Chr.)

Messingsporn (Südamerika, um 1800)

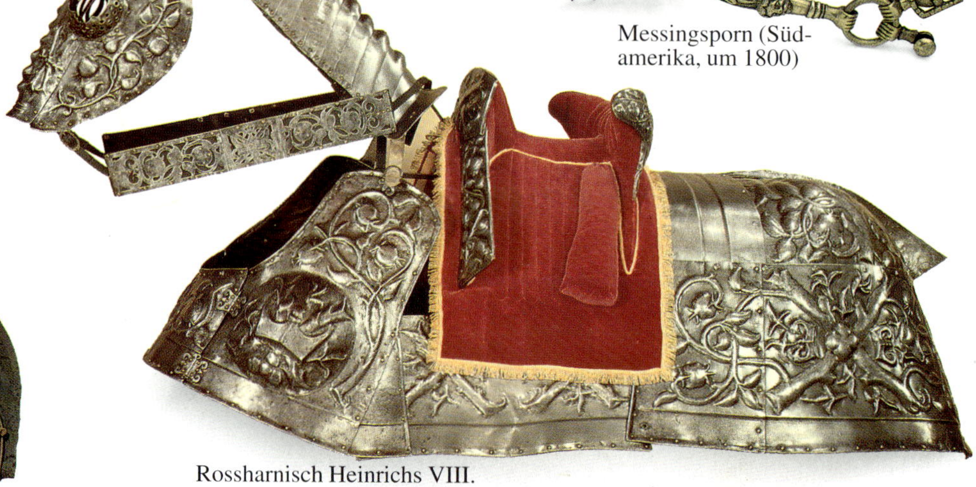

Rossharnisch Heinrichs VIII. von England

Ein Maultier zieht einen indischen Karren (um1840).

Berittener Krieger auf einer Bronzetafel aus Benin in Nigeria (spätes 16.Jh.)

Sehen · Staunen · Wissen

Fuß eines fossilen *Anchitherium*

Altes Hufeisen und Hufnägel

PFERDE

Die faszinierende Welt der Pferde, Ponys, Esel und Zebras

Bergzebra

Text von Juliet Clutton-Brock

Ein Shire Horse wird beschlagen.

Rappschimmel beim Springreiten

Gerstenberg Verlag

Trommler auf einem Shire Horse

Irischer Esel mit Karren (um 1850)

Berittener Bogenschütze (etwa 5.Jh.v.Chr.)

Die Deutsche Bibliothek – CIP Einheitsaufnahme

Ein Titeldatensatz für diese Publikation ist bei Der Deutschen Bibliothek erhältlich.

Ein Dorling-Kindersley-Buch
Originaltitel:Eyewitness Guides: Horse

Lektorat: Marion Dent, Helen Parker
Layout und Gestaltung:
Jutta Kaiser-Atcherley, Julia Harris
Herstellung: Louise Baratt
Bildredaktion: Diana Morris
Fotografie: Jerry Young, Karl Shone

Gesetzt nach neuer Rechtschreibung
Aus dem Englischen übersetzt und bearbeitet von
Margot Wilhelmi, Sulingen

Satz: Gerstenberg Druck GmbH, Hildesheim
Printed in China
ISBN 3-8067-4431-9

00 01 02 03 04 9 8 7 6 5

Zwei wilde Przewalski-Pferde

Viktoria-Phaeton (England, um 1880)

Palomino mit Zaum und Sattel im Westernstil

Zwei Grauschimmel vor englischem Phaeton (um 1840)

Zwei Gelderländer ziehen einen Planwagen.

Inhalt

Die Pferdefamilie

Pferde, Esel und Zebras sind Mitglieder der Säugetierfamilie *Equidae*. Diese wiederum gehört zu den Unpaarhufern, die nur einen Huf an jedem Fuß haben; Paarhufer wie Kühe, Hirsche und Schweine dagegen haben zwei Hufe. Zu den Unpaarhufern gehören außer der Pferdefamilie auch die Nashörner und Tapire. Alle Equiden ernähren sich von Gras, Kräutern und Halbsträuchern. Sie leben in offenem Gelände, und da sie nicht sehr wehrhaft sind, sind sie auf der Flucht vor Feinden auf ihre Schnelligkeit angewiesen. Alle Mitglieder der Pferdefamilie leben in Familiengruppen, die sich zu Herden zusammenschließen: Sie sind Herdentiere (S.12–13). Auf der Suche nach Nahrung und Wasser oder auf der Flucht vor Mücken- und Fliegenplagen ziehen die Herden weit umher. Wenngleich zwischen einzelnen Hauspferderassen gewaltige Unterschiede bestehen, gehören sie alle einer einzigen Art – *Equus caballus* – an, auch die Ponys, die als ausgewachsene Tiere eine Schulterhöhe von höchstens 148 cm erreichen.

SCHAUKELPFERD
Schaukelpferde aus Holz sind schon seit Jahrhunderten ein beliebtes Kinderspielzeug.

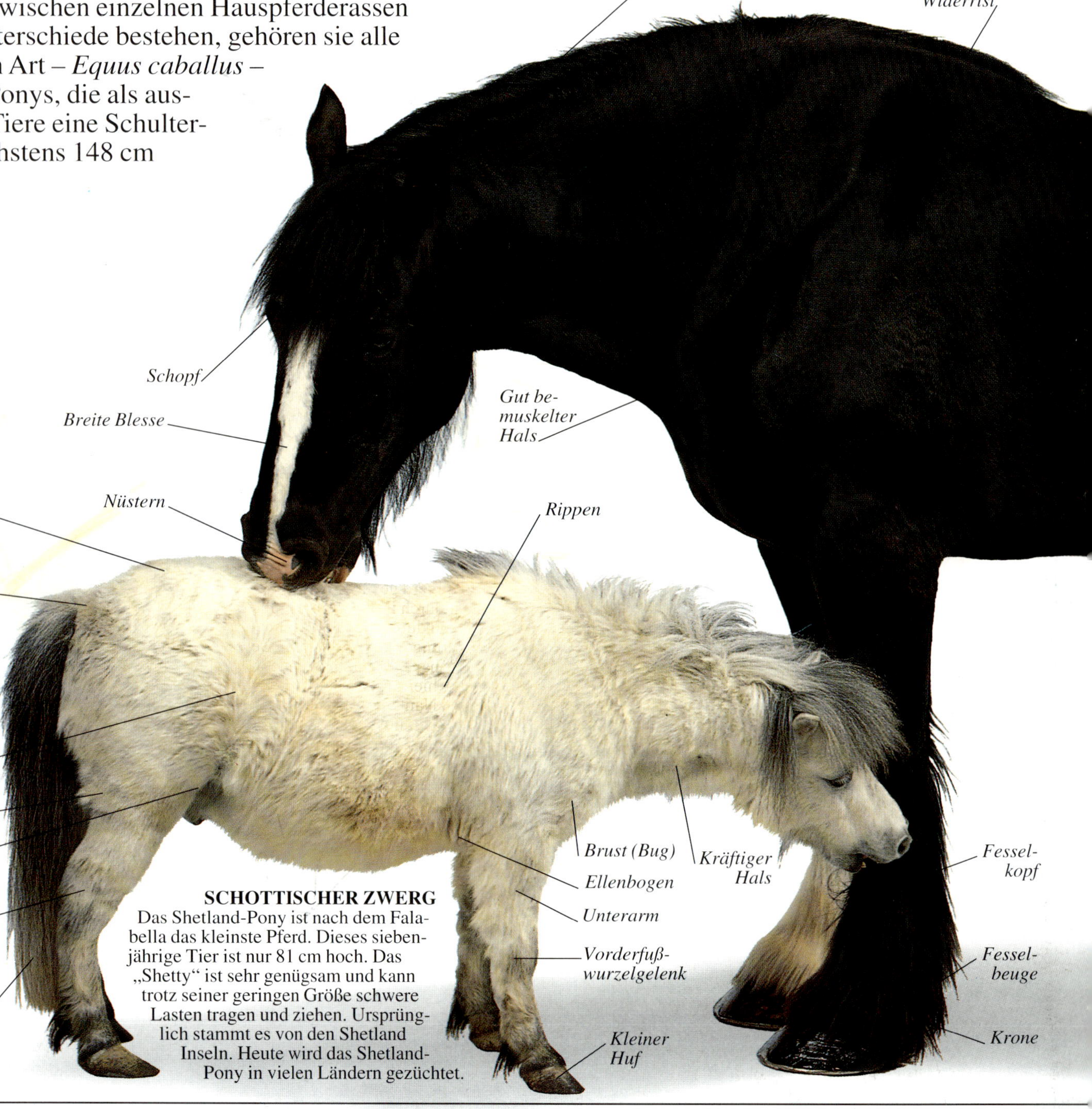

SCHOTTISCHER ZWERG
Das Shetland-Pony ist nach dem Falabella das kleinste Pferd. Dieses siebenjährige Tier ist nur 81 cm hoch. Das „Shetty" ist sehr genügsam und kann trotz seiner geringen Größe schwere Lasten tragen und ziehen. Ursprünglich stammt es von den Shetland Inseln. Heute wird das Shetland-Pony in vielen Ländern gezüchtet.

Der Kulan, eine Unterart des Asiatischen Halbesels

Poitou-Esel

Steppenzebra-Stute mit Fohlen

ESEL, HALBESEL UND ZEBRAS
Außer dem Pferd gehören der Asiatische Halbesel oder Pferdeesel (S.16–17), der Afrikanische Wildesel (S.16–17), der als Vorfahr des Hausesels gilt (S.24–25), und die Zebras (S.18–19) zur Familie der Pferde.

Das Stockmaß

Die Größe eines Pferdes wird mit dem Stockmaß angegeben: Man misst die Höhe des Tiers in Zentimetern von den Füßen bis zur Oberkante der Schultern, dem „Widerrist".

„DAS GROSSE ENGLISCHE PFERD"
Das Shire Horse wurde schon zur Zeit des Julius Cäsar in Mittelengland als Ackergaul und Zugpferd gezüchtet. Diese Rasse ist durch ihre gewaltige Größe und durch die lange Behaarung der Fesseln, den „Behang", gekennzeichnet. Das hier abgebildete Pferd mit Namen „King" (König) hält mit einem Stockmaß von 198 cm den Rekord als größtes Pferd der Welt.

Das Einhorn ist eine Sagengestalt, ein Pferd mit einem Horn auf der Stirn. Als Wappentier wird es mit einem Löwenschwanz, paarigen Hufen und einem spiralförmig gedrehten Horn dargestellt.

REISENDE AUS EUROPA
Aus Afrika stammen viele Mitglieder der Pferdefamilie, vom Esel bis zu den Zebras. Als die ersten Europäer diesen riesigen Erdteil erforschten, kamen sie mit Hauspferden als Reit- und Lasttieren. Diese Holzschnitzarbeit der Ibo aus Nigeria zeigt Weiße mit ihren Pferden und verschiedenen afrikanischen Tieren.

Paradepferd der Evolution

Die heutigen Vertreter der Pferdefamilie blicken auf eine fast 55 Millionen Jahre lange Entwicklungsgeschichte zurück. Das erste bekannte pferdeartige Tier, das Urpferdchen *Hyracotherium* (auch *Eohippus*, „Pferd der Morgenröte", genannt), lebte im Eozän (vor 54 Millionen Jahren) vor allem in Nordamerika, aber auch in Europa. Das etwa hasengroße Tier war ein „Laubäser", ein Waldtier, das sich von Blättern ernährte. An den Vorderfüßen hatte *Hyracotherium* vier, an den Hinterfüßen drei Zehen mit kleinen Hornschalen. Im Laufe der Jahrmillionen entwickelten sich diese kleinen Laubäser zu „Grasfressern" mit drei und schließlich mit nur einer Zehe. Die frühen Laub äsenden Pferdeahnen wie *Mesohippus* und später *Parahippus* hatten flachkronige Zähne (S.10–11). Doch im Miozän (vor 20 Millionen Jahren) verdrängten in Nordamerika zunehmend Steppen die Wälder. In Anpassung an diese neuen Umweltbedingungen setzten sich Pferde mit längeren Beinen durch, mit denen sie auf der Suche nach saftigen Weiden und auf der Flucht vor Raubtieren weite Strecken schnell zurücklegen konnten. Außerdem setzten sich die hochkronigen Zähne durch, mit denen die Tiere die harten Gräser abweiden konnten. Das erste Gras fressende Pferd war *Merychippus*. Es wurde schließlich vom einhufigen *Pliohippus* verdrängt. Die heutige Gattung *Equus* entstand im Pleistozän (vor etwa zwei Millionen Jahren).

Seitenansicht des linken Hinterfußes von *Hipparion*

Vorderansicht des Hinterfußes von *Hipparion*

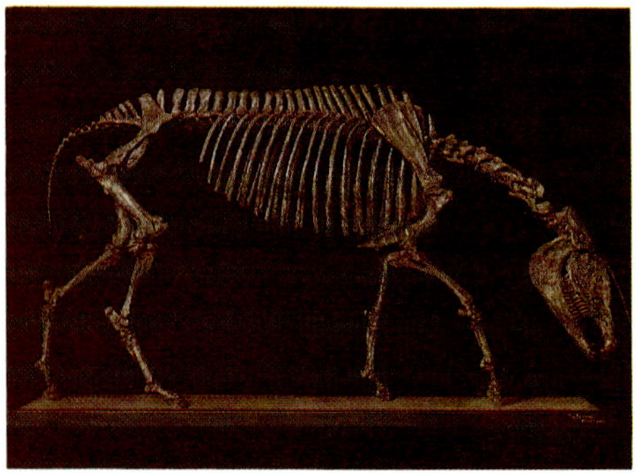

SÜDAMERIKANER
Hier sieht man das Skelett eines *Hippidion*, eines Einhuf-Pferdes, das sich von Mittelamerika nach Südamerika ausbreitete. Sein südamerikanischer Nachfahr *Onohippidium* starb vor etwa 12.000 Jahren aus. Möglicherweise wurde sein Aussterben durch das Vordringen menschlicher Jäger nach Südamerika beschleunigt.

DER LETZTE DREIHUFER
Hipparion (oben: Seitenansicht eines Schädels) war das letzte dreizehige Pferd, ein weit verbreiteter Grasfresser mit hochkronigen Zähnen. Fossilien fand man vielerorts in Europa, Asien und Afrika, wo es erst vor etwa 125.000 Jahren ausstarb.

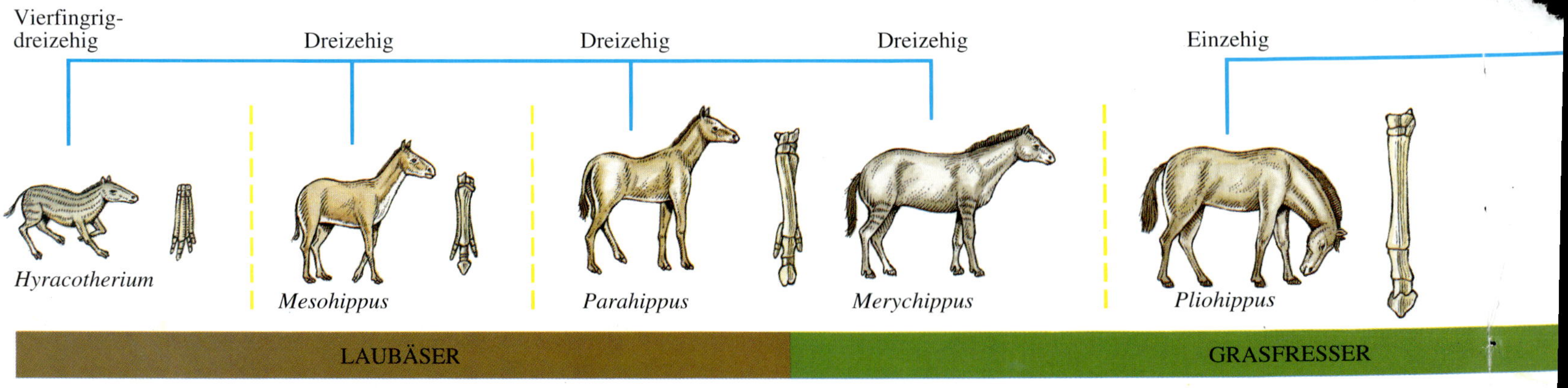

AUF DEN ZAHN GEFÜHLT

Sobald das Pferdejunge (Füllen oder Fohlen) beginnt Gras zu fressen, nutzen sich die Milchzähne schnell ab. Sie werden dann allmählich durch die zweiten Zähne ersetzt. Diese haben anfangs kurze Wurzeln und hohe Kronen, die mit zunehmendem Alter abflachen.

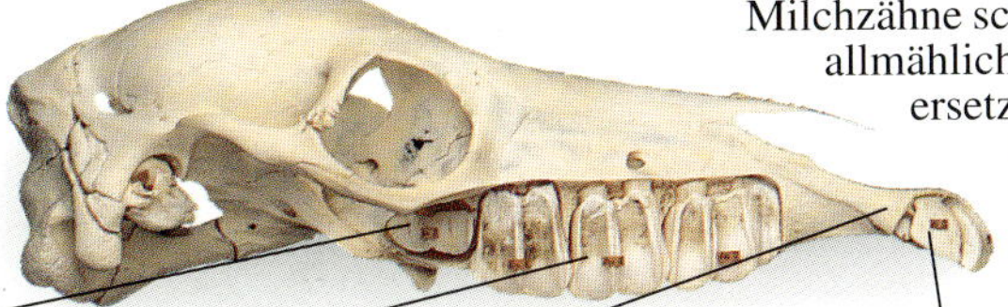

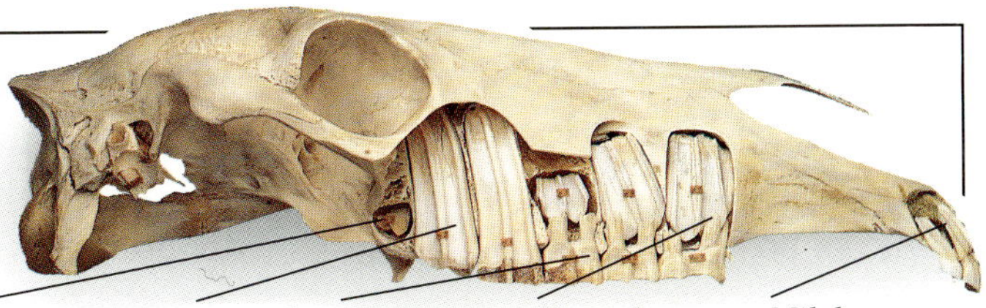

Oberkiefer eines zweijährigen Ponys

Oberkiefer eines sechsjährigen Ponys

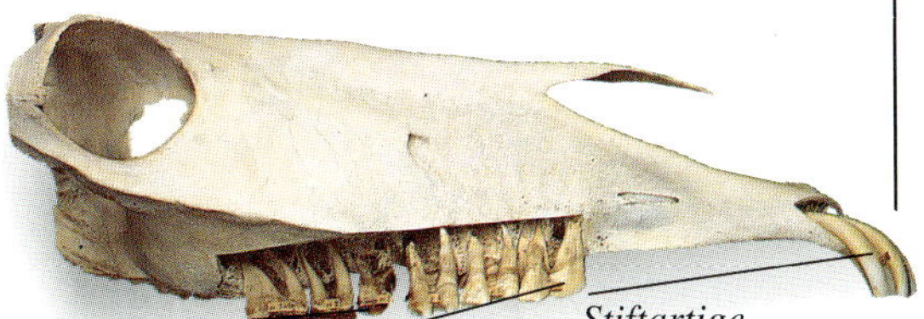

Oberkiefer eines sehr alten Pferdes

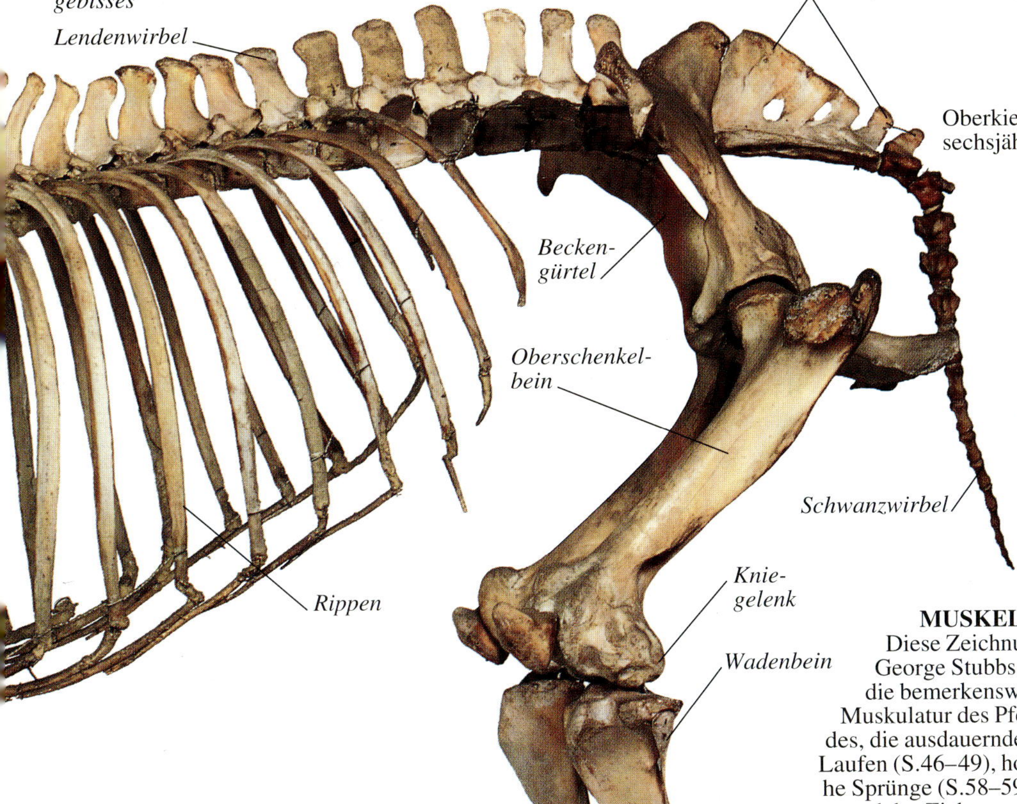
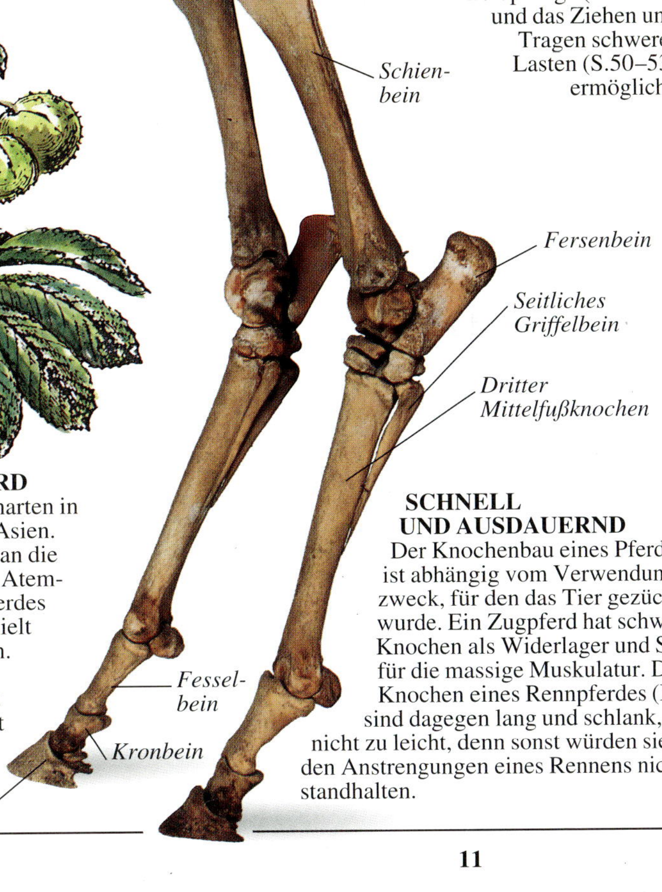

MUSKELPAKETE

Diese Zeichnung von George Stubbs zeigt die bemerkenswerte Muskulatur des Pferdes, die ausdauerndes Laufen (S.46–49), hohe Sprünge (S.58–59) und das Ziehen und Tragen schwerer Lasten (S.50–53) ermöglicht.

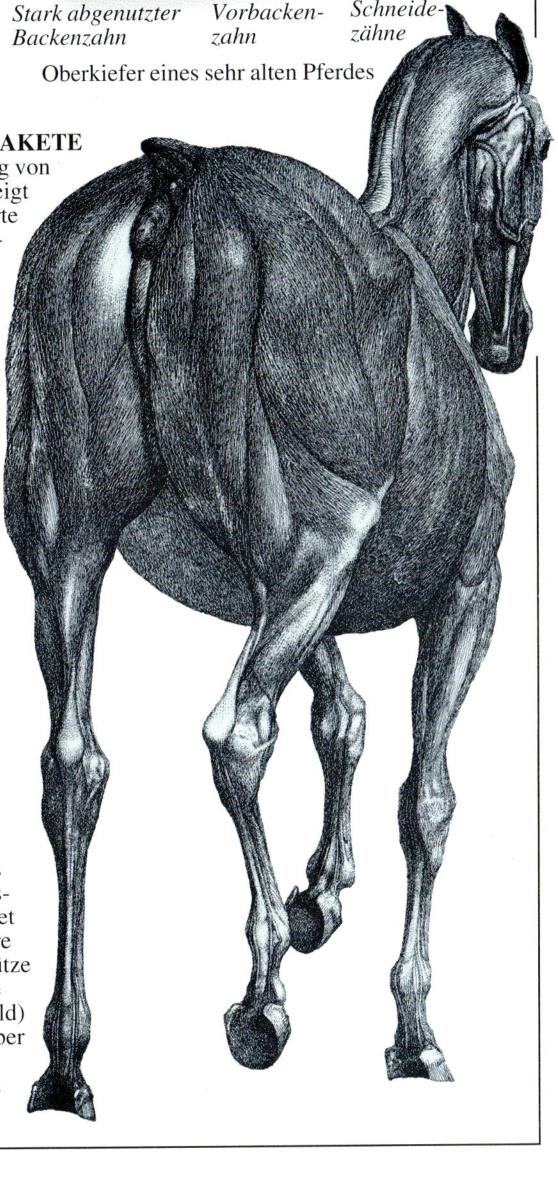

MEDIZIN FÜRS PFERD

Es gibt etwa 25 Rosskastanienarten in Nordamerika, Europa und Asien. Im Mittelalter verwandte man die Samen zur Behandlung von Atemwegserkrankungen des Pferdes (oder Rosses). Daher erhielt die Pflanze den Namen. Außerdem erinnert die aufgeplatzte Naht der stacheligen Frucht an einen Pferdehuf.

SCHNELL UND AUSDAUERND

Der Knochenbau eines Pferdes ist abhängig vom Verwendungszweck, für den das Tier gezüchtet wurde. Ein Zugpferd hat schwere Knochen als Widerlager und Stütze für die massige Muskulatur. Die Knochen eines Rennpferdes (Bild) sind dagegen lang und schlank, aber nicht zu leicht, denn sonst würden sie den Anstrengungen eines Rennens nicht standhalten.

Sinne und Verhalten

Wut oder Furcht

Aufmerksames Interesse

Pferde, Esel und Zebras können besser sehen, hören und riechen als wir Menschen. Das typische lange Pferdegesicht bietet nicht nur den vielen Zähnen in den Kiefern Raum, sondern auch dem hoch empfindlichen Riechorgan. Die Augen sitzen weit oben und seitlich am Kopf. So können die Tiere im hohen Gras ihrer ursprünglichen Steppenheimat den Überblick behalten. Die Ohren sind lang, bei Eseln sogar sehr lang, sie können in Richtung des leisesten Geräusches gestellt werden. Pferde sind von Natur aus Herdentiere. Die Anhänglichkeit gegenüber Herdenmitgliedern überträgt das Haustier auf die Menschen, die nun seine „Familie“ bilden. Sobald Pferde ihren Besitzer akzeptiert haben, sind sie bemüht, den Befehlen ihres menschlichen „Leittiers“ zu folgen, werden sie auch noch so barsch geäußert. Das hat dazu geführt, dass Pferde brutal ausgenutzt, aber auch besonders geliebt wurden. Auch in der Obhut des Menschen haben Pferde und Esel Verhaltensweisen ihrer wilden Ahnen beibehalten: Sie verteidigen ihr Revier, säugen ihre Fohlen genau wie jene und brauchen ständig Gesellschaft.

JUCKT DIR DAS FELL?
Dieses Pony wälzt sich auf dem Boden. Dadurch werden die Muskeln entspannt und Schmutz, abgestorbene Haare und Parasiten (z.B. Flöhe) abgewetzt.

Unsicherheit

OHRENSPRACHE
Die Ohren dienen als „Stimmungsbarometer“. Wenn ein Maultier (oben) seine Ohren nach hinten legt, ist es wütend oder ängstlich. Nach vorn gerichtete Ohren bekunden Interesse an einem bestimmten Geschehen, z.B. am Geklapper des Futtereimers. Ein Ohr nach vorn und eines nach hinten gelegt signalisiert Unsicherheit: Was passiert nun?

DIFFERENZEN?
Angelegt Ohren und Tritte: Zeichen für „Meinungsverschiedenheiten“ zwischen diesen beiden Kulans (S.16–17).

Durch lautes Geschrei warnt das Zebra die anderen Herdenmitglieder vor Gefahr.

VERTEIDIGUNG VON HEIMAT UND HERDE
Hengste (männliche Pferde) verteidigen ihre Herden und Reviere bisweilen aufgebäumt mit den Vorderhufen gegen Eindringlinge wie es diese Island-Ponys tun. Doch meistens werden Konflikte durch Gesten mit Ohren, Schweif und Füßen beigelegt. So wird auch die Rangfolge innerhalb der Herde festgelegt.

FLEHMEN
Dieser Hengst zieht die Lippen zurück und saugt Luft ein – er flehmt. Das Jacobsonsche Organ im Gaumendach, ein zusätzliches, beim Menschen nicht vorhandenes Geruchsorgan, prüft den Urinduft einer Stute. So stellt der Hengst fest, ob die Stute paarungsbereit ist.

Ein Pferd ignoriert die Kommandos des Kutschers und stillt erst einmal seinen Durst.

GUTE FREUNDE
Häufig kann man zwei Pferde dicht nebeneinander stehen sehen. Sie pflegen sich gegenseitig das Fell durch „Beknabbern“. Eine solche „soziale Körperpflege“ begründet und festigt die Freundschaft zwischen den Tieren.

Ohren nach hinten: wütend-ängstliche Reaktion auf den Bissangriff

Das rechte Pferd beißt das ihm fremde Tier.

DROHENDER BISS
Diese Przewalski-Pferde (S.20–21) gehören zwei verschiedenen Herden an. Das eine will dem anderen durch einen Biss zeigen, wer der Stärkere ist. Es wirft den Hals nach vorn und versucht den Gegner in den Nacken zu beißen.

Mutter und Kind

TRÄCHTIGE PALOMINO-STUTE
Der dicke Bauch dieser Palomino-Stute zeigt, dass sie bald fohlen wird. Bei Ponys und Wildpferden verläuft die Geburt schnell und problemlos. Hochgezüchtete Rassestuten aber benötigen tierärztliche Überwachung und Hilfe.

Eine Esel-, Zebra- oder Pferdestute bringt nach einer Tragzeit von etwa elf Monaten ein einziges, sehr weit entwickeltes Fohlen zur Welt (selten Zwillinge). Die Paarung erfolgt im Frühjahr, sodass fast ein Jahr später alle Fohlen einer Herde etwa gleichzeitig geboren werden. Aufgrund der langen Tragzeit (Wachstum des Tiers im Mutterleib) kann das Fohlen gleich nach der Geburt mit der Herde ziehen. Das ist lebenswichtig, weil Jungtiere ohne den Schutz der Herde eine leichte Beute für Raubtiere, z.B. Löwen, sind. Schon eine Stunde nach der Geburt steht das Fohlen auf seinen eigenen vier Beinen und folgt der Mutter. Nach wenigen Wochen beginnt es Gras zu fressen, wenngleich die Mutter es bis zu einem Jahr lang säugt. Bis zu zwei Jahren nennt man die Jungtiere Fohlen, danach, bis zur Geschlechtsreife mit etwa vier Jahren, spricht man von Jungstuten bzw. Junghengsten. In freier Natur verlassen die jungen Hengste die elterliche Herde spätestens mit Eintritt der Geschlechtsreife.

KURZE RUHEPAUSE
Dieses neugeborene Fohlen ist noch teilweise von der Schafshaut (Fruchtblase) umhüllt. Bald strampelt es sich von der Stute frei und durchtrennt damit die Nabelschnur, über die es im Mutterleib mit Nahrung und Sauerstoff versorgt wurde.

BABY-WÄSCHE
Die Stute leckt das Fohlen am ganzen Körper ab. So entfernt sie die Schafshaut und regt Kreislauf und Atemtätigkeit des Neugeborenen an.

Die aufgerichteten Ohren zeigen Wachsamkeit.

Die Stute schubst das Fohlen aus der Gefahrenzone.

MUTTER MIT KIND
Es dauert etwa drei Jahre, bis dieses Zebrafohlen so groß ist wie seine Mutter. Die Familienbande bei Zebras sind sehr stark. Die ganze Herde schließt sich zum Schutz der Jungen zusammen.

Sechsjährige Steppenzebrastute mit drei Monate altem Fohlen

DER ERSTE SCHLUCK
Sobald es stehen kann, sucht das Fohlen die Zitzen der Mutter zwischen den Hinterbeinen. Die erste Muttermilch (*Colostrum*) versorgt das Fohlen mit wichtigen Abwehrstoffen gegen Krankheiten.

DIE ERSTEN SCHRITTE
des Fohlens sind noch staksig. Die Mutter beobachtet wachsam die Umgebung.

VORSICHT!
Wenngleich diese Shire-Stute (S.50–53) eine jahrtausendelange Reihe von Haustierahnen hat, ist sie wie ihre wilden Urahnen ständig auf der Hut, um Gefahren rechtzeitig zu erkennen und von ihrem Fohlen abzuwenden.

Ohren gespitzt: ständig auf der Hut vor Gefahren

Stockmaß 180 cm

Die Mutter hält schützend den Kopf über das Fohlen.

Stockmaß 117 cm

Zehnjährige Shire-Stute mit fünf Wochen altem Fohlen

MITHALTEN
Etwa eine Stunde nach der Geburt läuft das Fohlen bereits. Es muss – vor allem als Wildtier – mit der Mutter mithalten können.

GUTE NACHT
Wie alle Kinder brauchen Fohlen viel Schlaf. Doch bei Gefahr kommt das Kleine schnell wieder auf die Beine.

Wildesel

HALBESELFANG
Die abgebildeten Steinreliefs schmückten einst den Palast von Ninive in Assyrien. Sie zeigen den Lebendfang von Syrischen Halbeseln um 645 v.Chr. Heute ist diese Unterart des Asiatischen Wildesels vermutlich ausgestorben.

Die beiden Wildeselarten sind nicht näher miteinander verwandt als Pferd und Zebra. Kreuzungen zwischen den einzelnen Arten sind ebenso möglich wie zwischen Pferd und Esel, der Nachwuchs ist in beiden Fällen unfruchtbar (S.18–19). Der Afrikanische Wildesel (*Equus africanus*), von dem der Hausesel abstammt, war früher mit drei Unterarten in ganz Nord- und Ostafrika verbreitet. Doch heute gibt es nur noch wenige Tiere in abgelegenen Rückzugsgebieten. Die Asiatischen Wildesel (*Equus hemionus*) stehen zwischen Pferd und Esel und werden auch als Pferdeesel oder Halbesel bezeichnet. Man unterscheidet fünf noch lebende Unterarten: den persischen Onager, den turkmenischen Kulan, den mongolischen Dschiggetai, den indischen Khur und den tibetischen Kiang. Die Gemeinsamkeiten aller Esel sind: massiger Kopf, lange Ohren, kurze Mähne ohne Stirnschopf, schlanke Beine und ein quastartiger Schwanz. Der Afrikanische Wildesel ist grau mit weißem Bauch und einem dunklen „Aalstrich“ auf dem Rücken, oft mit schwarzem Schulter-Querstrich und Beinringeln. Das Fell der Asiatischen Wildesel ist rötlich ohne Schulter- oder Beinstreifen, aber mit Aalstrich. Esel sind an ein Leben in kargen Berg- und Wüstenregionen mit Dorngestrüpp und trockenen Gräsern als Nahrung angepasst. Durch Zerstörung ihres Lebensraums und starke Bejagung sind heute alle Wildesel vom Aussterben bedroht.

ESELASYL
Der Somali-Wildesel, einzige überlebende Unterart des Afrikanischen Wildesels, stammt aus Äthiopien und Somalia. Da er vom Aussterben bedroht und in seiner von Kriegen heimgesuchten Heimat kaum zu schützen ist, hat man die abgebildeten Tiere in einem Wildreservat in Israel angesiedelt.

AUSGEROTTET
Der Nubische Wildesel (*Equus africanus africanus*) mit Schulterkreuz (Aalstrich und Querstreifen), aber ohne Beinringelung ist heute in freier Wildbahn ausgerottet. Nur in einigen Zoos gibt es noch wenige, nicht mehr ganz reinrassige Tiere.

INDISCHE LANGOHREN
Der Indische Halbesel oder Khur (*Equus Hemionus khur*) lebt heute nur noch in Restherden in der Kutch-Wüste. Wie bei allen Asiatischen Wildeseln werden die Herden von einer alten Stute geführt. Die Hengste leben außerhalb der Paarungszeit im Frühjahr in getrennten Herden.

PERSERESEL
Der Persische Halbesel oder Onager (*Equus hemionus onager*) zog einst in riesigen Herden durch die Wüsten des Iran, doch heute leben nur noch wenige Tiere in abgelegenen Bergregionen. Onager können über weite Strecken mit bis zu 48 km/h galoppieren und fast zwei Meter hohe Felsen überspringen.

DER KULAN
Die hier groß abgebildeten Asiatischen Wildesel gehören zur Unterart Kulan (*Equus hemionus kulan*). Wilde Herden kommen noch in Turkmenistan östlich des Kaspischen Meeres vor. Der Kulan erreicht eine Schulterhöhe von 112 bis 122 cm. Im Winter hat er ein dickes gelbbraunes Fell, das ihn vor den eisigen Bergwinden schützt. Bei keiner Unterart des Asiatischen Wildesels gelang je die Domestikation (Züchtung als Haustier), doch man nimmt an, dass im Altertum im Nahen Osten Halbesel mit Hauseseln und Pferden gekreuzt wurden, um besonders ausdauernde, kräftige Bastarde zu erhalten.

FAST AUSGEROTTET
Der Tibetische Halbesel oder Kiang (*Equus hemionus kiang*) ist mit einem Stockmaß von über 142 cm der größte Pferdeesel. Kiangs sind den Tibetern heilig, dennoch sind sie durch Lebensraumzerstörung und Bejagung fast ausgerottet.

Zügelring (Silber mit goldenem Halbesel) vom Streitwagengeschirr der mesopotamischen Königin Puabi (um 2500 v.Chr.) aus den Königsgräbern von Ur

Zebrastreifen

Heute gibt es Zebras nur noch in Afrika, doch ihre Vorfahren lebten – wie alle Pferde – in Nordamerika. Die drei noch vorkommenden Zebraarten – Bergzebra, Steppenzebra und Grévyzebra – haben ganz unterschiedliche Lebensräume und verschiedene Streifenmuster. Deutliche Streifen am ganzen Körper besitzen nur die kurzhaarigen Tropenbewohner. Das Quagga, eine Unterart des Steppenzebras, die in kälteren Regionen Afrikas lebte und um 1860 von Großwildjägern ausgerottet wurde, hatte ein dickeres Fell mit weniger Streifen. Zebras fressen harte Gräser und durchstreifen beim Weiden riesige Gebiete. Sie lieben Gesellschaft und verbringen viel Zeit mit sozialer Körperpflege. Zebraherden bestehen oft aus über 100 Tieren. Wie es kommt, dass Zebras Streifen haben, ist bis heute nicht zufriedenstellend geklärt. Möglicherweise bewirken die Streifen, dass die Gestalt des Einzeltiers in der Menge vor den Augen eines Feindes verschwimmt. Eine Tarnung im Gras sind die Streifen nicht, denn Zebras verstecken sich nicht vor Feinden, sondern wehren sich gemeinsam mit Hufen und Zähnen.

ICH HÖRE!
Mit den großen runden Ohren kann das Grévyzebra ausgezeichnet hören und anderen Zebras Signale geben.

Siebenjährige Bergzebra-Stute

BERGZEBRA
Das Bergzebra (*Equus zebra*) gehört heute zu den vom Aussterben bedrohten Arten. Kleine Restbestände leben in den Gebirgen der westlichen Kap-Provinz Südafrikas bis zur Westküste Angolas. Wie das Steppenzebra erreicht es eine durchschnittliche Schulterhöhe von etwa 132 cm.

Sechsjährige Steppenzebra-Stute mit drei Monate altem Fohlen

STEPPENZEBRA
Das Steppenzebra (*Equus quagga*) war einst mit fünf Rassen vom Sudan bis Südafrika verbreitet. Auch heute noch kann man große Herden in fast jedem Nationalpark beobachten, allerdings sind schon zwei Unterarten ausgestorben. Junghengste leben in Junggesellengruppen, bis sie selbst eine Herde führen können.

PFERDEZEBROID
Zebras kann man mit allen anderen Pferdearten kreuzen, doch die Nachkommen (Zebroide) sind unfruchtbar (wie Maultiere). Dieses Tier ist eine Kreuzung zwischen Zebra und Pferd.

GRÉVYZEBRA

Das größte Zebra ist das Grévyzebra (*Equus grevyi*) mit 142 bis 152 cm. Es unterscheidet sich in seinem Äußeren und im Verhalten von allen anderen Zebras und gilt als urtümliches Pferd. Das Zebra mit der eselähnlichen Stimme lebt in kleinen Gruppen in Busch- und Steppengebieten Äthiopiens, Somalias und Nordkenias.

Dreijährige und vierjährige Grévyzebra-Stute

HALBGESTREIFTES QUAGGA

Das Quagga (*Equus quagga quagga*) war nur an Hals und Vorderrücken gestreift, sonst gelblich-braun. Die ersten Afrikaforscher konnten noch riesige Herden bestaunen. Durch rücksichtslose Bejagung aber waren die Tiere 1861 in freier Wildbahn ausgerottet. Das letzte Zoo-Quagga starb 1883 in Amsterdam.

ESELZEBROID

Kreuzt man ein Zebra mit einem Esel, können hellbraune Tiere mit zarten Streifen wie diese Zebroide aus Simbabwe entstehen. In Zoos findet man häufig solche Mischlinge.

Pferdeahnen

Fossilfunde belegen, dass gegen Ende der letzten Eiszeit, vor 10.000 Jahren, in Europa, Nord- und Zentralasien Millionen wilder Pferde gelebt haben. Diese Tiere gehörten alle der Art *Equus ferus* an, deren Herden jedes Jahr in den Steppen hunderte von Kilometern zurücklegten. Als das Klima sich änderte, gingen die Steppengebiete zurück, Wald setzte sich zunehmend durch. Der Verlust ihres Lebensraums und starke Bejagung durch den Menschen ließen die Wildpferdzahlen schrumpfen. Vor etwa 4000 Jahren gab es dann nur noch wenige Wildpferde in Europa, doch zwei Unterarten, der russische Tarpan (*Equus ferus ferus*) und das mongolische Przewalski-Pferd (*Equus ferus przewalskii*), überlebten bis ins letzte bzw. bis in dieses Jahrhundert. Vor etwa 6000 Jahren wurden in Osteuropa die ersten Wildpferde gezähmt und zu Haustieren weitergezüchtet. Von dort kamen die Hauspferde nach Westen und schließlich in alle Welt. Sie alle stammen von diesen östlichen Vorfahren ab und gehören einer Art an, *Equus caballus*.

AUSGESTORBENER TARPAN
Viele Reiseberichte von Russlandbesuchern des 18.Jh.s erwähnen Herden kleiner Wildpferde. Die letzten Tarpane starben zu Beginn des 19.Jh.s aus. Heute züchtet man in Polen tarpanähnliche Ponys durch Rückkreuzungen urtümlicher Hauspferde. Ein Vertreter solch einer Rasse ist der Konik.

ALTES ENGLISCHES PONY
Das Exmoor-Pony ist eine alte Rasse, die dem ausgestorbenen Tarpan sehr ähnlich sieht. Exmoor-Ponys leben in verwilderten Herden in der Heide- und Moorlandschaft von Exmoor im Südwesten Englands.

HEILIGES PFERD
Weiße Pferde waren den Kelten heilig. Um 550 v.Chr. wurde diese Pferdedarstellung von Kelten aus den weißen Kreidefelsen von Uffington in Südengland gehauen.

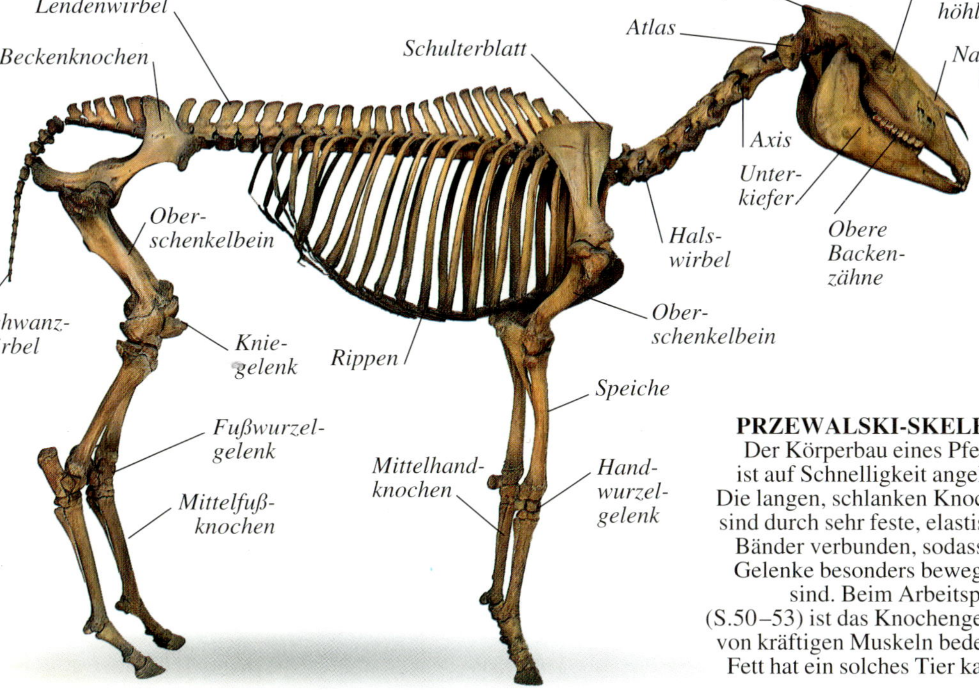

PRZEWALSKI-SKELETT
Der Körperbau eines Pferdes ist auf Schnelligkeit angelegt. Die langen, schlanken Knochen sind durch sehr feste, elastische Bänder verbunden, sodass die Gelenke besonders beweglich sind. Beim Arbeitspferd (S.50–53) ist das Knochengerüst von kräftigen Muskeln bedeckt, Fett hat ein solches Tier kaum.

PRZEWALSKI-PFERDE
In den Steppen der Mongolei entdeckten russische Reisende Ende des 19.Jh.s Wildpferde. Einige davon wurden in europäische Zoos geschafft, wo sie sich gut fortpflanzten. Später brachte man einige Przewalskis sogar nach Amerika. Die wilden Przewalski-Pferde sind seit den 60-er Jahren ausgestorben. Nun versucht man im Zoo gezüchtete Tiere wieder in ihrer mongolischen Heimat anzusiedeln.

Przewalski-Pferde

HÖHLENMALEREIEN
Dieses Wildpferd (*Equus ferus*) wurde gegen Ende der letzten Eiszeit, vor etwa 14.000 Jahren, auf eine Höhlenwand in den berühmten Höhlen von Lascaux in Frankreich gemalt.

WILDER ESEL
In der Sahara werden immer wieder wilde Esel gesichtet. Vielleicht sind es die letzten Überlebenden des Nordafrikanischen Wildesels (*Equus africanus atlanticus*), vielleicht nur verwilderte Hausesel.

Mythos und Geschichte

ENDE EINES SCHWEREN TAGES
Einem griechischen Mythos zufolge zieht ein Pferdegespann jeden Tag den Sonnenwagen vom einen Ende der Erde zum anderen. Die Züge dieses marmornen Pferdekopfes (Parthenon, Athen, 5.Jh.v.Chr.) spiegeln die Erschöpfung des Tiers.

Die ersten verlässlichen Zeugnisse über die Domestikation (Haustierwerdung) des Pferdes stammen aus der Ukraine. Dort hielten die Menschen schon vor 6000 Jahren Pferde- und Rinderherden, mit denen sie durch die Steppe zogen. Etwa zur gleichen Zeit wurde in Ägypten und Arabien der Afrikanische Wildesel domestiziert. Anfangs dienten Esel und Pferde hauptsächlich als Zugtiere für Lastkarren oder Streitwagen. Bald wurde der Streitwagen zum Statussymbol der Könige. Sie fuhren damit in die Schlacht und auf die Jagd und hielten in ihnen Paraden ab. Zur Zeit des griechischen Dichters Homer (8.Jh.v.Chr.) aber reiste man üblicherweise auf Pferde- oder Eselsrücken (S.46–49). Zur Kriegsführung waren immer noch Streitwagen in Gebrauch (S.42–45). Im klassischen Altertum bauten Griechen und Römer Rennbahnen für Wagenrennen, die ein beliebtes Spektakel für alle Gesellschaftsschichten waren.

STANDARTE VON UR
Diese frühe Darstellung eines vierrädrigen Eselskarrens ist eine der farbenprächtigen Einlegearbeiten der „Mosaikstandarte" aus den Königsgräbern von Ur (um 2500 v.Chr.).

FLIEGENDES PFERD
Nach einer griechischen Sage entsprang das geflügelte Pferd Pegasus dem Blut der Medusa, als Perseus, ein Sohn des Göttervaters Zeus, dem Ungeheuer den Kopf abschlug. Pegasus flog zu den Göttern, wo er von Athene, der Göttin der Weisheit, gefangen und mit einem goldenen Zaum gezähmt wurde. Diese Pegasus-Gravur ziert eine bronzene Schminkdose, die um 300 v.Chr. von Etruskern angefertigt wurde.

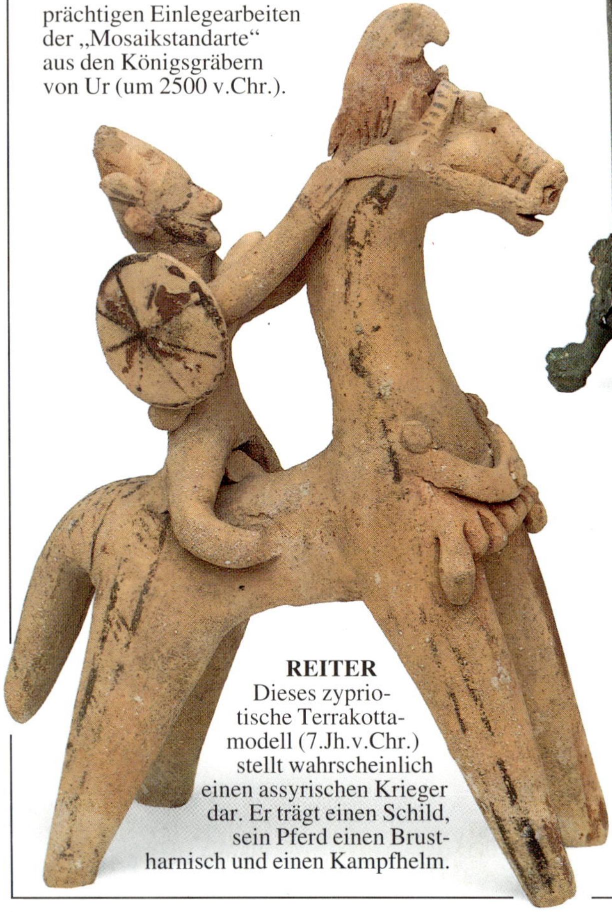

REITER
Dieses zypriotische Terrakottamodell (7.Jh.v.Chr.) stellt wahrscheinlich einen assyrischen Krieger dar. Er trägt einen Schild, sein Pferd einen Brustharnisch und einen Kampfhelm.

ZENTAUREN: HALB MENSCH, HALB PFERD
Realer Hintergrund der Zentaurensagen könnten thessalische Reiter gewesen sein. Den alten Griechen waren Menschen auf Pferderücken unbekannt, sie hielten Reiter und Pferd deshalb für ein fremdartiges Lebewesen. Diese Skulptur vom Parthenon (Athen, 5.Jh.v.Chr.) zeigt eine Szene aus der Schlacht zwischen den wilden Zentauren und den Lapithen, ebenfalls mythischen Bewohnern Thessaliens.

WEIT GEREIST
Diese prächtigen Bronzepferde gelten als Werk des griechischen Bildhauers Lysippus (4.Jh.v.Chr.). Von Rom kamen sie nach Konstantinopel, im Jahre 1204 von dort nach Venedig in den Markusdom. 1797 brachte Napoleon das Standbild nach Paris. 1815 kehrten die Pferde nach Venedig zurück.

GEBRANDMARKT
Brandzeichen (S.40–41) benutzt man seit über 2000 Jahren, um den Besitzer (heute meist das Gestüt) eines Pferdes zu kennzeichnen. Die Jagdszene oben stammt aus einem Mosaikfußboden (um 500 v.Chr.), den man in Karthago (im heutigen Tunesien) entdeckt hat. Jagen war eine Lieblingsbeschäftigung der Reichen im damaligen Nordafrika.

FINTE
Als die Griechen um 1184 v.Chr. Troja nicht einnehmen konnten, bauten sie ein riesiges hohles Holzpferd und zogen sich scheinbar zurück. Die Trojaner holten das Pferd in die Stadt. In dessen Bauch aber waren Griechen verborgen, die nachts ihre Streitmacht in die Stadt ließen.

CHINESISCHE KOSTBARKEIT
Die Chinesen erwiesen ihren Pferden immer großen Respekt. In der Tang-Dynastie (618–907 n.Chr.) entstanden viele solcher Keramikpferde, die heute kostbare Kunstschätze darstellen. Die blaue Kobaltglasur wurde nur selten verwendet, da Kobalt nur in geringen Mengen eingeführt wurde und sehr teuer war. Diese Tonfigur wurde wahrscheinlich in mehreren Teilen geformt und dann zusammengesetzt.

Arbeitstier Esel

Der Hausesel (*Equus asinus*) stammt vom Afrikanischen Wildesel (*Equus africanus*) ab (S.16–17). Alle drei Unterarten des wilden Steppen– und Wüstenbewohners wurden wahrscheinlich als Haustiere genutzt und untereinander gekreuzt, vor allem aber der Nubische und der Nordafrikanische Wildesel. Als ehemaliges Wüstentier hat der Esel Kraft, Ausdauer und Genügsamkeit. Er kann schwere Lasten weit tragen und benötigt dabei nur wenig Nahrung und Wasser. In freier Natur müssen Eselfohlen schnell auf die Beine kommen, damit sie der Herde folgen können und nicht Raubtieren zum Opfer fallen. Die Tragzeit beträgt bei Eseln zwölf Monate – einen Monat mehr als bei Pferden. Soll ein Esel gut gedeihen, braucht er die Gesellschaft anderer Tiere, denn er ist ein Herdentier wie alle Pferdeverwandten. Auch muss man ihm die Hufe abfeilen, wenn er auf weichem Boden gehalten wird, wo sie nicht durch Sand und Steine abgeschliffen werden.

JESU REITTIER
Zur Zeit Jesu war der Esel in Palästina das übliche Transportmittel. Deshalb findet man ihn auch auf vielen Darstellungen der Heiligen Familie. Weil Jesus vor seinem Tod am Kreuz auf einem Esel in Jerusalem einzog und bei Eseln Aalstrich und schwarzes Querband über der Schulter ein Kreuz bilden, schrieb man dem Fell an dieser Stelle heilende Wirkung zu.

ANDALUSISCHER ZIEGENHIRTE
In Andalusien im Südwesten Spaniens benutzt man Esel noch heute als Reit- und Arbeitstiere. Auf Eselsrücken reitend, führt diese Familie ihre Ziegenherde zu neuen Weiden.

Englischer Eselskarren (Mitte 19.Jh.)

DRESCHESEL
In Griechenland kann man noch heute Esel beim Dreschen beobachten. Sie werden im Kreis über das Getreide geführt und treten mit ihren Hufen die Körner aus den Ähren.

WASSERTRÄGER
Wasser, das kostbarste Gut in Wüstenländern, muss oft von weit her geholt werden. Diese tunesische Frau trägt ihr Kind auf dem Rücken und treibt einen mit Wasserkrügen beladenen Esel.

Eselsfamilie: fünfjähriger Vater, neunjährige Mutter, elf Monate alter Sohn

POITOU-ESEL
In der französischen Region Poitou züchtet man schon seit Jahrhunderten sehr große Esel, die man mit Pferdestuten kreuzt, wodurch man riesige Maultiere erhält. Die Maultiere werden dort für Arbeiten eingesetzt, die in nördlicheren Ländern schwere Zugpferde übernahmen. Poitou-Esel erreichen fast 1,5 m Schulterhöhe und sind damit die größte Eselrasse. Ihr Fell ist lang und dunkel und wirkt oft zottelig.

Nach einem Leben voll harter Arbeit hat sich dieser alte Esel sein Gnadenbrot verdient.

AFRIKANISCHE ESEL
Diese Esel trinken an einem Wasserloch in Kenia. Dort leben sie halb wild auf einer Ranch. Sie müssen selbst für ihre Nahrung sorgen und lernen, Leoparden, Hyänen und anderen Raubtieren aus dem Weg zu gehen – wie wilde Tiere.

Zehnjähriger Irischer Esel, 117 cm

IRISCHES LANGOHR
Der Esel ist das traditionelle Zug- und Lasttier Irlands, eines der wenigen nordeuropäischen Länder, in denen seit Jahrhunderten Esel gezüchtet werden. Irische Esel sind an das kühle Klima angepasst: Sie haben viel kürzere Beine als die Rassen aus dem Mittelmeerraum und Arabien und außerdem ein dickeres Fell.

KÖNIGLICHE ESEL
Heute werden Esel oft als Kinderattraktion in Freizeitparks gehalten. Deshalb züchtet man besonders niedliche Esel wie diese weiß gelockten Tiere. Im Altertum bevorzugten Könige weiße Esel.

Maultier und Maulesel

Während seines harten Tagewerkes frisst das Muli Hafer aus einem Futterbeutel.

Schon vor etwa 4000 Jahren kreuzten die Sumerer Pferde und Esel. So entstanden die ersten Maultiere oder Mulis (Eselvater und Pferdemutter) und Maulesel (Pferdevater und Eselmutter). Auch für die Römer ist Maultierzucht belegt: So wird in römischen Schriften empfohlen, Eselhengste für die Maultierzucht mit Pferden aufzuziehen, damit sich die Hengste später leichter mit Pferdestuten paaren. Seit Jahrtausenden verwendet man Maultiere als Packtiere (S.46–47), denn sie können gewaltige Lasten tragen, weil sie die Ausdauer des Esels mit der Kraft des Pferdes vereinen. Als Herdentiere (wie ihre Eltern) arbeiten Mulis am besten in einer Karawane. Eine darauf abgerichtete Stute mit einer Glocke um den Hals führt die Karawane an. Die anderen Tiere folgen dem Klang der Glocke, sodass sie auch bei Nacht ihren Weg finden. Die Kreuzbarkeit aller Arten untereinander ist eine Besonderheit der Pferdefamilie. Die Nachkommen einer solchen Verbindung sind zwar meist gesund und stark, können selbst aber keine Jungen bekommen.

ÄGYPTISCHE GESPANNE
Auf dem oberen Bild dieser ägyptischen Grabmalerei (um 1400 v.Chr.) ziehen zwei Pferde einen Streitwagen, auf dem Bild darunter zwei weiße Maulesel. Die kürzeren Ohren lassen erkennen, dass es sich um Maulesel, nicht um Maultiere handelt. Gerader Hals, dunkles Schulterkreuz und Quastenschwanz zeigen, dass es keine Pferde sind.

INDISCHER LASTWAGEN
In Asien benutzt man seit mindestens 3000 Jahren die gleichen Maultier-Karren. Das Geschirr aber hat sich verändert. Früher zogen immer zwei Mulis links und rechts einer Mitteldeichsel die Karren, seit etwa 2000 Jahren erledigt die Arbeit ein einziges Tier, das zwischen zwei Scherbäume gespannt wird. Das Muli ist gezäumt und wird über Zügel geführt. Im Wagen befinden sich die Habseligkeiten einer Familie einschließlich der Enten.

Ein vierzehnjähriges Maultier (140 cm) zieht einen indischen Karren.

TOURISTENKLASSE
Touristen mögen Kutschfahrten. Selbst in den überfüllten Straßen von New Orleans, USA, ist das heute noch möglich. An einem Pfahl mit Pferdekopf angebunden, wartet dieses Muli auf Kundschaft.

KRAFTVOLLER „HAFERMOTOR“
Maultiere sind schneller als Ochsen und trittsicherer als Pferde. Daher waren sie die bevorzugten Tiere der europäischen Siedler in Nordamerika, als diese im 19. Jh. in langen Trecks auf schlammigen Wegen und durch Wüsten nach Westen zogen. Auch als Packtiere der Armee fanden Maultiere Verwendung.

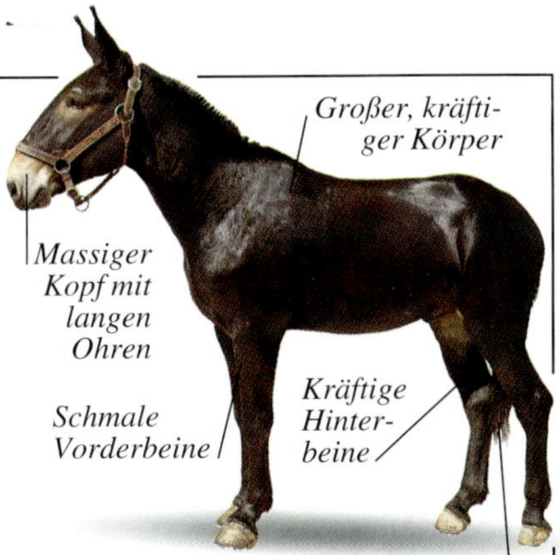

Achtjähriger Maulesel

Kreuzungen

Kreuzt man eine Eselstute mit einem Pferdehengst, nennt man das Kind der beiden Maulesel. Die Kreuzung zwischen einem Eselhengst und einer Pferdestute nennt man dagegen Maultier oder Muli. Maulesel sind in der Regel kleiner als Maultiere. Letztere werden bei guter Ernährung und Pflege meist größer und kräftiger als ihre Eltern.

STÖRRISCH WIE EIN MAULESEL
Dieser achtjährige Maulesel (eine Kreuzung zwischen einer Eselin und einem Ponyhengst) lässt sich zu nichts zwingen. Esel, Maulesel und Maultiere gelten als sehr störrisch. Doch dahinter steckt Unkenntnis: Sie sind Herdentiere, sehr klug und sehr neugierig. Deshalb muss man sie daran gewöhnen einem Leittier oder einem Menschen wie dem Anführer einer Herde zu folgen. Dann gehen sie, wohin man will, und sei es auch noch so gefährlich.

„Unartiger Maulesel“ als Zirkusnummer

Dieses alte Hufeisen und die Hufnägel hat der Hufschmied gerade vom Pferdehuf entfernt.

Beim Hufschmied

Zur Pflege nach dem täglichen Ausritt gehört, dass der Reiter oder die Reiterin mit einem Hufkratzer Schmutz und Steine entfernt, da das Pferd sonst rasch lahmt. Der saubere Huf wird mit Huföl eingefettet. Doch diese Hufpflege allein reicht nicht aus. Pferde-, Esel- und Zebrahufe bestehen wie unsere Finger- und Zehennägel aus Keratin (Horn). Wie diese müssen Hufe geschnitten werden. Das tut dem Tier genauso wenig weh wie uns das Nägelschneiden. Auf ebenem harten Boden nutzen sich die Hufe eines Hauspferdes von allein gleichmäßig ab, doch in steinigem Gelände brechen sie. Auf zu weichem Boden nutzen sie sich nicht ab, werden zu lang und krankheitsanfällig. Deshalb muss ein Pferd regelmäßig zum Hufschmied. Er beschlägt das Pferd nicht nur mit Hufeisen, sondern schneidet auch die Hufe aus.

1 **HUF FEILEN**
Geduldig lässt sich das Pferd vom Hufschmied den Huf feilen.

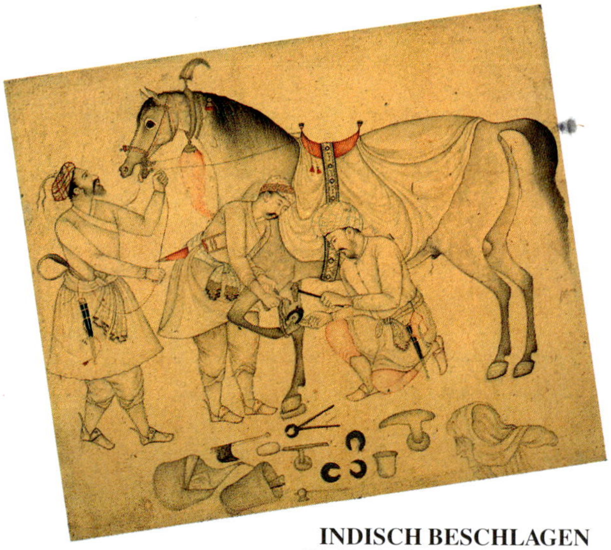

INDISCH BESCHLAGEN
Die Technik des Pferdebeschlagens ist in aller Welt seit Jahrhunderten dieselbe geblieben. Diese Darstellung aus der Mogulzeit (um 1600) zeigt drei Hufschmiede beim Beschlagen eines edlen Pferdes. Im Vordergrund sieht man ihr Handwerkszeug.

Werkzeugkasten eines Hufschmieds

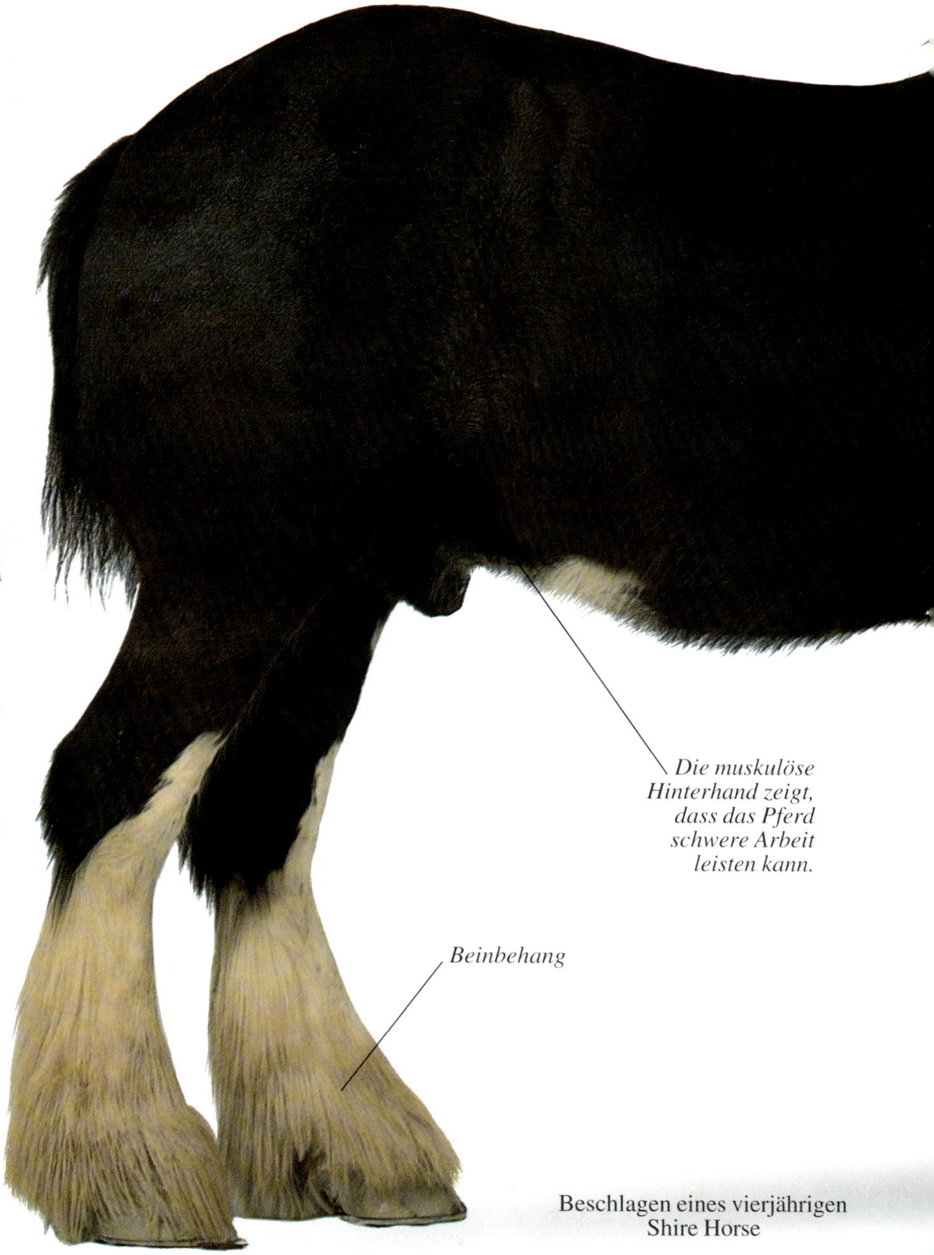

Die muskulöse Hinterhand zeigt, dass das Pferd schwere Arbeit leisten kann.

Beinbehang

Beschlagen eines vierjährigen Shire Horse

Wassertrense (Irland, um Christi Geburt)

GEBISSE

Trense: einfaches, in der Mitte „gebrochenes“ Mundstück. Kandare: mit zwei seitlich langen Anzügen, Kinnkette und Unterlegtrense. Pelham: ein Mittelding zwischen Trense und Kandare, kann wie letztere mit doppelten Zügeln geführt werden.

Ausschnitt aus dem Wandteppich von Bayeux (Frankreich, um 1080)

SIEGREICH ZU PFERDE

In der Schlacht von Hastings (1066) besiegte Wilhelm der Eroberer mit seinen normannischen Truppen die Engländer vor allem deshalb, weil die normannischen Krieger auf Pferden mit Steigbügeln kämpften, während die Engländer, die keine Steigbügel kannten, ihnen zu Fuß entgegentraten.

Knebeltrense mit einmal gebrochenem Gebiss (Bulgar, 9.Jh.)

Kandare (Länge 30,5 cm) aus Stahl und Messing (Europa, 16.Jh.)

Kandare (Länge 18,5 cm) mit ungebrochenem Gebiss aus Stahl und Messing (Portugal 19.Jh.)

IM DAMENSATTEL

Diese Lipizzanerstute wird im Damensattel geritten. Heute benutzt man den Damensattel nur noch zu Schauzwecken. Früher aber konnten Frauen nur mit ihm reiten, da ihre langen Gewänder es nicht erlaubten, die Beine rechts und links herabhängen zu lassen. Das Reiten im Damensattel soll recht bequem sein.

Diese im Stil des 19.Jh.s gekleidete Frau reitet im Damensattel auf einer sechsjährigen Lipizzanerstute.

(Sattel-)Zügelring (England, 1.Jh.n.Chr.)

Steigverbindung aus Bronze (England, 1.Jh.n.Chr.)

Durch diesen verzierten Zügelring (Ägypten, 1.Jh.v.Chr.) am Geschirr wurden die Zügel geführt.

Eroberungen zu Pferde

SCHACHFIGUR
Dieser Ritter auf seinem Pferd wurde im 12.Jh. aus einem Walrosszahn geschnitzt. Er ist eine der berühmten Schachfiguren, die man auf der Insel Lewis vor der schottischen Westküste fand.

Ohne Pferd und Esel wäre die Weltgeschichte anders verlaufen. Zu Fuß hätten viele Eroberungen und Entdeckungsreisen nicht stattgefunden. Es hätte keine Kreuzzüge gegeben, und auch die Zerstörung der Hochkulturen Amerikas wäre nicht so leicht möglich gewesen. Eroberer benötigen schnelle Transportmittel für Waffen und Proviant, sonst können sie die angestammte Bevölkerung nicht überwältigen. Zwar legte man schon seit etwa 1000 v.Chr. Wege zu Pferde zurück, doch erst 2000 Jahre später, im 11.Jh.n.Chr., wurden Pferde beschlagen und man benutzte Sättel mit Steigbügeln. Von da an gewannen Pferde bei der Kriegsführung und im Sport (S.42–45) zunehmend an Bedeutung, und berühmte Weltreisende wie Marco Polo konnten zu Pferde weite Strecken durch Europa und Asien zurücklegen: Marco Polos Weg wäre selbst in unserem Flugzeug-Zeitalter noch eine lange Reise.

DSCHINGIS KHAN
Dschingis Khan (1155–1227) eroberte mit seinen mongolischen Reiterhorden weite Gebiete. Sein Reich erstreckte sich quer durch Asien bis nach Europa, von der Chinesischen Mauer bis zum Mittelmeer.

Zwei etruskische Reiterfiguren aus Bronze (Norditalien, um 500 v.Chr.)

ANTIKE BOGENSCHÜTZEN
Diese beiden etruskischen Bronzestatuetten zeigen skythische Bogenschützen beim Abschießen ihrer Pfeile – ohne Sattel und Steigbügel vom Rücken eines galoppierenden Pferdes aus. Der nach hinten zielende Schütze führt den „Partherschuss“ aus, eine Technik, die innerasiatische Reiternomaden häufig anwandten.

Bronzestatue Karls des Großen

KAISER KARL
Karl der Große (742–814) eroberte als Herrscher der Franken Sachsen und die Lombardei. 796 führte er mehr als 15.000 Reiter gegen die Awaren in Ungarn. Im Jahre 800 wurde er zum Kaiser des Heiligen Römischen Reiches gekrönt, das sich von Dänemark bis Mittelitalien und von Frankreich bis Österreich erstreckte.

IM SATTEL
Ein Prunkstück ähnlich diesem tibetischen Holzsattel (18.Jh.) mit Gitterwerk aus Gold und Silber mag Dschingis Khan besessen haben.

Tibetischer Sattel (18.Jh.)

ALEXANDER DER GROSSE
Eines der berühmtesten Pferde aller Zeiten ist wohl der schwarze Hengst Bukephalos (geboren 331 v.Chr.). Er gehörte Alexander dem Großen (356–323 v.Chr.), der mit 20 Jahren König von Makedonien wurde. Auf Bukephalos eroberte Alexander die Welt – von Griechenland im Westen bis Ägypten im Süden und Afghanistan im Osten.

Auf diesem Steinfries eines syrischen Sarkophags ist Alexander der Große auf Bukephalos dargestellt.

ST. GEORG
Diese Ikone wurde im 13.Jh. von einem Kreuzritter angefertigt.

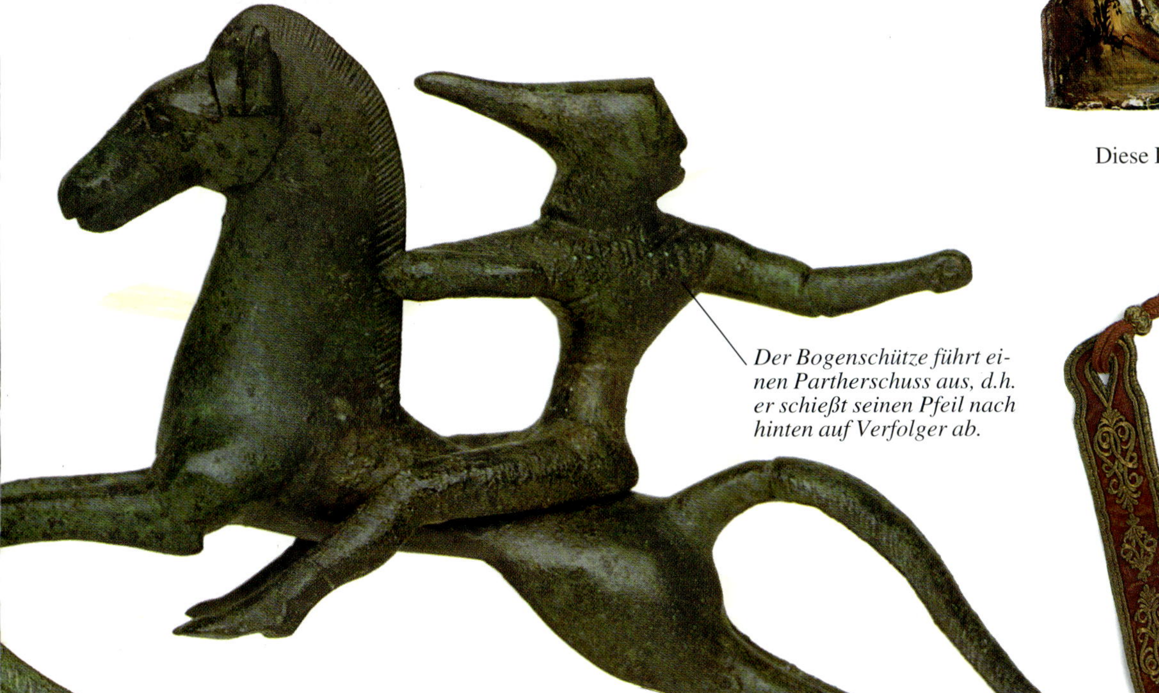

Nordafrikanischer Kandarenzaum (frühes 19.Jh.)

GOLDENER WAGEN
Dieses kunstvolle Modell eines vierspännigen Streitwagens stammt aus der persischen Achämenidendynastie (5.Jh.v.Chr.) und besteht aus Gold. Die Anspannung mit zwei seitlichen Deichseln ist ungewöhnlich.

Teil eines Schatzes vom Oxus, einem Fluss in Innerasien

In die Neue Welt

Das Pferd stammt zwar ursprünglich aus Nordamerika, war dort jedoch vor etwa 10.000 Jahren ausgestorben. Daher staunten die Ureinwohner sehr, als Cortez im Jahre 1537 mit Pferden an der Ostküste Mexikos landete. Die Pferde verhalfen den Europäern in Amerika nicht nur zu „göttlichem“ Ansehen, sie ermöglichten auch die Eroberung des weiten Kontinents. Als im 17. Jahrhundert spanischen Siedlern einige Pferde entkamen, breiteten sich deren Nachkommen schnell über die Steppengebiete des amerikanischen Kontinents aus. Bald lernten die Ureinwohner sie schätzen. Sie fingen wilde Pferde ein oder kauften den europäischen Siedlern Tiere ab. Diese waren der Grundstock für die indianische Pferdezucht. Wie einst die Skythen beherrschten die Indianerkrieger bald die Kunst des Bogenschießens vom nackten Rücken eines Pferdes aus.

FEST-PROZESSION
Bei festlichen Anlässen tragen die Häuptlinge der nordamerikanischen Sioux-Indianer herrlichen Federschmuck aus Truthahnfedern und reiten auf ihren besten Pferden.

KAMPF UM INDIANERLAND
Wie andere Indianerstämme benutzten auch die Sauk Pferde als Last- und Zugtiere, ritten auf ihnen zur Jagd und in den Krieg. Keokuk (oben, 1760–1848), von der US-Regierung zum Häuptling ernannt, unterschrieb Verträge, die sein Volk um den größten Teil seines Landes brachten. Schwarzer Falke, der rechtmäßige Häuptling der Sauk, verteidigte mit seinen Leuten das Land, wurde aber geschlagen.

SCHWERSTARBEIT
Ehe Nordamerika durch die Eisenbahn erschlossen war, wurden Güter mit Hilfe von Maultieren transportiert. Gespanne von sechs oder mehr Tieren zogen schwere Wagen über schlammige Straßen, die nur so passierbar waren.

GÖTTER AUF PFERDEN
Als Hernando Cortez mit seinen Soldaten in Mexiko landete, hielten die ansässigen Indios die Spanier für Götter. Dass sie auf so fremdartigen Tieren ritten, spielte dabei eine große Rolle.

NACH WESTEN

1843 zogen 1000 Siedler von Missouri 3300 km weit über den Oregon Trail nach Westen. Um sich vor Indianerangriffen zu schützen, stellten sie ihre Wagen abends zu einer Wagenburg auf. Nach langen, schrecklichen Monaten mit schlechtem Wetter, Krankheiten, Nahrungsmangel und der gefahrvollen Überquerung der Rocky Mountains erreichten sie endlich ihr Ziel: Kalifornien.

Zwei Gelderländer (168 cm) ziehen einen „Prärieschoner“.

AMERIKAS ERSTES WOHNMOBIL

Die ersten europäischen Siedler zogen mit ihren Kindern und ihrer ganzen Habe in Planwagen durch Nordamerika. Das war nicht so romantisch, wie es scheint. Man musste alles selber machen: die Pferde beschlagen, Räder reparieren, Brot backen und Kranke pflegen.

PAMPASREITER

Die Cowboys Südamerikas nennt man Gauchos. Sie sind meist spanisch-indianischer Abstammung und hüten die großen Rinderherden auf den Pampas, den Grassteppen Südamerikas.

„Wilde“ Pferde

Richtige Wildpferde gibt es nicht mehr (S.20–21). Doch in vielen Teilen der Welt leben Herden „verwilderter“ Pferde. Sie stammen zwar von Haustieren ab, werden aber nicht mehr von Menschen betreut und leben wie ihre wilden Vorfahren. Die ersten Pferde, die von Europa nach Amerika kamen, waren die Hengste der Soldaten. Mit den ersten europäischen Siedlern kamen dann auch Stuten in die Neue Welt. Bald breiteten sich entlaufene Tiere und deren Nachkommen über ganz Nord- und Südamerika aus. Wenig später gab es Millionen wild lebender Pferde in den Grassteppen Amerikas. Heute ist die Zahl der nordamerikanischen Mustangs, die einst in riesigen Herden die Prärien durchstreiften, durch Bejagung auf etwa 10.000 zurückgegangen. Oft wurden auch ganze Mustangherden eingefangen und wieder gezähmt. Ähnliches gilt auch für die Brumbys in Australien.

FELL–PONY
Fell-Ponys sind im Besitz von Menschen, aber man lässt sie in der weiten Moor- und Heidelandschaft ihrer nordenglischen Heimat in großen Herden weit umherstreifen. Früher benutzte man das Fell-Pony vor allem als Packtier, heute vermehrt als Kutsch- und Reitpferd.

DÜLMENER PONY
Dülmener Ponys (Dülmener Wildpferde) leben seit Jahrhunderten frei in einem Wildpark im Merfelder Bruch bei Dülmen/Westfalen. Einmal im Jahr fängt man Hengste als Reit- und Zugpferde ein. Sie sind besonders gutartig und kinderlieb.

Kleine Ohren

Unter den New-Forest-Ponys gibt es Braune, Schwarzbraune, Grauschimmel, Schimmel, Füchse und Rappen, aber keine Schecken.

Kräftige Beine tragen den gedrungenen Körper.

Die Hufe haben eine dicke Hornwand.

AUSTRALISCHER BRUMBY
Während des Goldrausches in Australien entkamen den Goldsuchern Pferde, die sich in den Grassteppen Australiens ausbreiteten. Diese verwilderten Herden sind bei Viehzüchtern sehr unbeliebt, weil sie mit den Rinder- und Schafherden um Nahrung konkurrieren und häufig von Parasiten befallen sind. Deshalb hat man sie so stark gejagt, dass es heute nur noch wenige Brumbys gibt. Anders als Mustangs lassen sich die unberechenbaren Brumbys nicht zähmen.

HARTES MUSTANGLEBEN
Den letzten nordamerikanischen Mustangs bleiben als Rückzugsgebiete nur noch karge Landstriche wie die Wüste von Nevada.

MARKENPFERD
Wilde Pferde dienen oft als Symbol für Freiheit, Eleganz oder Schnelligkeit. Mit ihnen wurde schon für viele Produkte Werbung gemacht, von Zigaretten bis Kleidung. Für rassige italienische Sportwagen wirbt dieses Ferrari-Pferd.

CAMARGUE-PFERDE
Das Camargue-Pferd lebt seit über 1000 Jahren in der Camargue. Mit seinen breiten Hufen ist das große Pony gut an den weichen Sumpfboden des Rhônedeltas angepasst.

New Forest-Ponys, 127 bis 147 cm

DIE PONYS AUS DEM NEW FOREST
Im New Forest, einem ausgedehnten Waldgebiet in Hampshire/Südengland, gibt es seit dem 11.Jh. große Ponyherden. 800 Jahre lebten die Pferde dort wild. Im 19.Jh. aber versuchte man die Rasse durch Kreuzung mit anderen Rassen zu „veredeln“. Deshalb variieren die Tiere heute sehr stark. Auch heute noch gibt es New Forest-Ponys in freier Wildbahn. Sie werden aber auch auf Gestüten gezüchtet als angenehme, ruhige Reit- und Zugtiere.

Pferde aus aller Welt

Die verschiedenen Pferderassen unterteilt man meist in drei Großgruppen. Die erste bilden die „Vollblutpferde“ (Araber und englisches Vollblut). Im 17./18. Jahrhundert kamen drei Araberhengste nach England: Byerley Turk (1698), Darley Arabian (1702) und Godolphin Arabian (1731). Von ihnen stammen bis heute die Väter der englischen Vollblutzucht ab. Die zweite Rassekategorie sind die „Warmblüter“. Ihre Körpertemperatur ist nicht höher als bei Kaltblütern. Warmblut ist eine in Deutschland übliche Bezeichnung für edle, elegante Pferderassen, leichtgängige Reit- und Kutschpferde, entstanden durch Kreuzung von Arabern mit den regionalen Pferderassen. Deshalb bezeichnet man Warmblüter auch als „Halbblüter“. Diese Gruppe stellt die meisten Sportpferde (S.59–61). Nur Rennpferde sind in der Regel englische Vollblutpferde. Als „Kaltblüter“ schließlich bezeichnet man große, schwere Zugpferde (S.50–53).

Grauschimmel wie dieses irische Connemara-Pony haben weiße und schwarze Haare auf schwarzer Haut.

Rappschimmel (hier ein russischer Orlow-Traber): hellgraue Flecken auf dunkelgrauem Fell

Goldisabellen (hier ein österreichischer Haflinger) sind goldbraune Pferde mit weißer Mähne und weißem Schweif.

Füchse (hier ein Französischer Traber) gibt es in den verschiedensten Rotbrauntönen. Auch Mähne und Schweif sind rotbraun (im Gegensatz zu Braunen).

Dieser Cleveland Bay aus England hat eine rassetypische goldbraune Färbung. Wie bei allen Braunen sind Mähne, Schweif und Bein schwarz.

Verzierter Zaum

Stockmaß 150 cm

Vierjähriger Vollblut-Araber, ein rötlicher Brauner

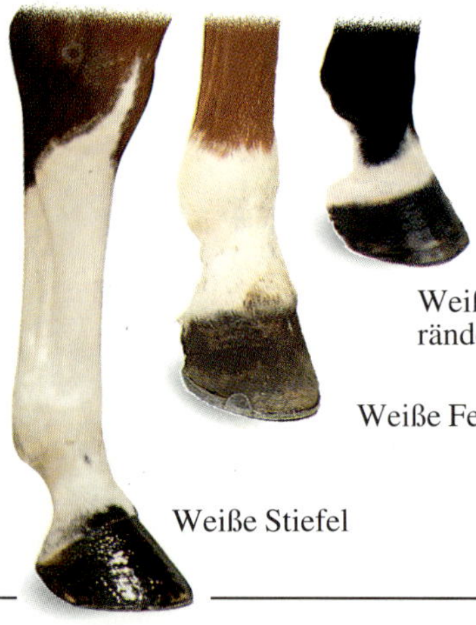

„Abzeichen“ an Pferdebeinen:

Weiße Kronränder

Weiße Fesseln

Weiße Stiefel

Bei dunkelbraunen wie diesem ungarischen Nonius besteht das Fell aus braunen und schwarzen Haaren.

BERBER
Diese Rassepferde mit 2000-jähriger Geschichte heißen Berber wie die nordafrikanischen Nomaden, deren traditionelles Reitpferd sie sind.

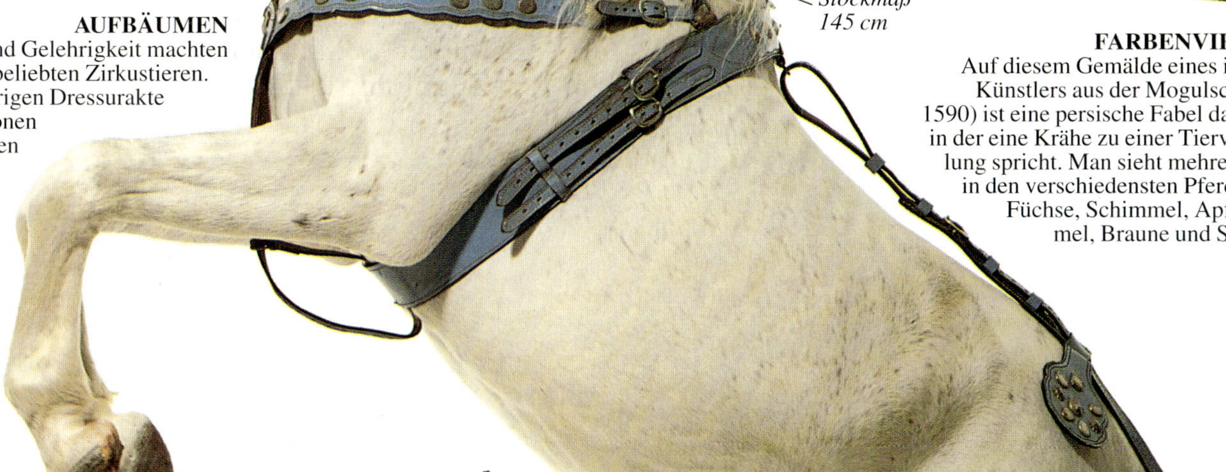

Stockmaß 145 cm

AUFBÄUMEN
Schönheit und Gelehrigkeit machten Pferde zu beliebten Zirkustieren. Die schwierigen Dressurakte sind Variationen von natürlichen Bewegungen.

FARBENVIELFALT
Auf diesem Gemälde eines indischen Künstlers aus der Mogulschule (um 1590) ist eine persische Fabel dargestellt, in der eine Krähe zu einer Tierversammlung spricht. Man sieht mehrere Pferde in den verschiedensten Pferdefarben: Füchse, Schimmel, Apfelschimmel, Braune und Schecken.

PFERDEMARKT
Dieser Ausschnitt aus einem Gemälde von John Herring (1795–1865) zeigt einen Pferdehandel vor 150 Jahren.

Stickereiverzierte Satteldecke

ADELIGER ARABER
Das Arabische Vollblut gilt als das edelste Pferd. Es besitzt einen schmalen Kopf mit großen Augen und kurzen Ohren, schlanke Beine und ein feuriges Temperament. Als Vollblut-Araber gelten nur Tiere, deren Stammbaum sich lückenlos auf einen Original-Araber aus dem Orient zurückführen lässt.

Am häufigsten kommen bei Arabern Schimmel vor wie dieser 15-jährige Hengst.

Rassen und Farben

Viele Länder und Landschaften haben ihre eigene, ganz charakteristische Pferderasse. Bekannte europäische Warmblutrassen sind z.B. Hannoveraner, Oldenburger, Holsteiner, Lipizzaner und Trakehner, bekannte Kaltblutrassen der Belgier, das englische Shire Horse und das schottische Clydesdale. Aber auch in Afrika gibt es außer Arabern und Berbern berühmte Rassen wie das südafrikanische Basuto-Pony, in Asien z.B. das Mongolen-Pony, in Amerika den Appaloosa. Jede Rasse hat ihre charakteristischen Merkmale, wobei Körpergröße und Form ausschlaggebend sind. Zwar gibt es auch bestimmte Farben, die manche Rassen häufig, andere nie aufweisen, aber es gibt auch viele Rassen, bei denen sich vom Schimmel bis zum Rappen alle Färbungen finden. Die Körpergröße ist je nach Rasse sehr unterschiedlich. Das argentinische Falabella-Zwergpony wird nicht größer als 76 cm, das englische Shire Horse erreicht ein Stockmaß von über 168 cm und ein Gewicht von einer Tonne (1000 kg). Häufig bringt man das Temperament eines Pferdes mit seiner Färbung in Verbindung. So gelten Füchse im allgemeinen als schnell und temperamentvoll.

Siebenjähriger reinrassiger Andalusier mit Reiterin in traditioneller spanischer Reitkleidung

FLECKEN
Häufig haben Pferde weiße „Abzeichen“ am Kopf, z.B. runde oder eckige „Sterne“ auf der Stirn wie dieser Frederiksborger (dänisches Warmblut). Kleinere Flecken heißen „Blume“, ganz kleine „Flocke“. Einen weißen Fleck zwischen den Nüstern nennt man „Schnippe“.

STREIFEN
Streifen von der Stirn bis zum Maul nennt man „Blesse“, ganz schmale Blessen „Schnurblessen“. Dieser Oldenburger (seit dem 17.Jh. im Oldenburger Land gezüchtet) hat eine schmale Blesse. Blessen sind nicht immer durchgehend wie hier, sie können auch unterbrochen sein.

BREITE BLESSE
Dieser Gelderländer aus den Niederlanden hat einen breite Blesse, die die ganze Fellbreite zwischen den Augen einnimmt und bis zu den Nüstern hinunterreicht. Wenn das ganze Gesicht weiß ist, spricht man von einer „Laterne“.

HOHE SCHULE
Die Spanische Reitschule in Wien wurde 1572 mit Schulpferden aus Spanien begründet. Heute reitet man dort hauptsächlich Lipizzaner.

PFERDE IN DER KUNST
Schönheit, Anmut und Stärke des Pferdes inspirieren Künstler seit Jahrtausenden. Dieses Bild mit stilisierten blauen Pferden stammt von dem Maler Franz Marc (1880–1916).

DAS SPANISCHE PFERD
Andalusier, feurige leichte Reitpferde zwischen 155 und 165 cm Stockmaß, wurden zuerst Ende des 15.Jh.s von Kartäusermönchen in drei Klöstern Südwestspaniens gezüchtet. Heute sind Andalusier (mit Berber- und Araberblut) meist Grauschimmel, früher waren sie rot oder schwarz.

Schwarze Pferde nennt man Rappen. Weiße Abzeichen treten gelegentlich auf. Dieser Rappe ist ein Kaltblut, ein Westfriese aus den Niederlanden.

Schimmel sind nicht immer weiß. Es gibt auch „Rotschimmel" (Fuchsschimmel) mit rötlichem Fell, das weiße Haare enthält. Rappschimmel oder „Blauschimmel" wie dieser italienische Kaltblüter haben schwarze oder braune und weiße Haare.

Falben haben gelbliches bis graues Deckhaar. Die Beine sind schwarz, Mähne und Schweif meist schwarz-weiß. Falben weisen wie Wildpferde oft einen dunklen Aalstrich auf. Beim Fjordpferd aus Norwegen ist diese Färbung rassetypisch.

Bei Schecken gibt es die verschiedensten Arten der Fellzeichnung. Dieses Zwergpony ist ein Leopardenscheck: Es hat verschieden große dunkle, runde oder ovale Flecken auf sehr hellem Fell.

Ein Hauptmerkmal des amerikanischen Pinto ist die „Scheckenzeichnung". Dieses Pferd hat helle Flecken auf dunklem Grund (Overo-Pinto), Tobiano-Pintos dagegen haben dunkle Flecken auf hellem Grund.

Dieses Shetland-Pony von der gleichnamigen schottischen Inselgruppe ist großflächig weiß gescheckt.

Schlachtrosse

In den letzten fünf Jahrtausenden setzte der Mensch Pferd und Esel immer wieder in Kriegen ein. In Streitwagen, vor die zwei Esel oder Pferde gespannt waren, konnte man schneller vorankommen und dem Feind größeren Schaden zufügen als zu Fuß. Seit der Zeit Alexanders des Großen (S.32–33) spielten bewaffnete Reiter (Kavallerie) eine entscheidende Rolle – bis zum Ersten Weltkrieg. Erst danach ersetzten zunehmend Motorfahrzeuge die Pferde. Als im Mittelalter in Europa die Steigbügel aufkamen, nutzte die Kavallerie diesen Vorteil. Höhere Sättel mit Steigbügeln gaben den Reitern einen besseren Halt. So konnten sie längere Waffen. z.B. Lanzen, benutzen. Das erforderte eine schwere Rüstung und somit auch schwerere Pferde, die jedoch noch nicht die Größe heutiger Kaltblüter erreichten. Mit Beginn der Neuzeit kam man von gepanzerten Ritterheeren ab, weil diese zu unbeweglich waren. Die Kavallerie hatte nun leicht gepanzerte Kürassiere mit schweren Pferden, leichte Husaren und Dragoner und mittelschwere Ulanen und Jäger.

NAPOLEONS SCHIMMEL
In einer der größten Reiterschlachten der Geschichte kämpften bei Waterloo in Belgien Franzosen gegen Engländer und Preußen (1815). Kaiser Napoleon Bonaparte (1769–1821) verlor den Kampf. Sein Araberhengst Marengo wurde verwundet, lebte aber noch bis 1829.

Goldbestickte Uniform

68 kg schwere Trommeln aus purem Silber

Das königliche Wappen (mit Löwe und Einhorn) ist mit Gold- und Silberfäden auf das damastseidene Trommelbanner gestickt.

Ein Paar der goldbelegten Zügel führt zu den Steigbügeln, ein zweites zur Taille des Reiters.

Die Schmuckquaste am Zaum besteht aus echtem schwarzem und rot gefärtem Pferdehaar.

TROMMLERPFERD
Heute finden solche Pferde nur noch bei prunkvollen Paraden Verwendung. Doch ehe es Panzer und Flugzeuge gab, waren Trommeln und Trompetensignale zum Anfeuern der Truppen wichtig. Diese Trommeln schenkte König Wilhelm IV. von Großbritannien und Hannover 1830 dem Leibwachenregiment seiner Hausreiterei.

Ein 15-jähriger Clydesdale-Rappschimmel trägt zwei Silbertrommeln und einen Reiter der Hausreiterei Ihrer Majestät Königin Elisabeth II. von England.

RITTER VON DER TRAURIGEN GESTALT
1605 schuf der spanische Dichter Miguel Cervantes (1547–1616) seinen tragikomischen Helden Don Quichote. Mit seiner Stute Rosinante und in Begleitung seines Freundes Sancho Panza (der einen Esel ritt) erlebte Don Quichote die seltsamsten Abenteuer. Das berühmteste ist der Kampf gegen Riesen, die in Wahrheit Windmühlen waren.

KOPFSCHUTZ

Diese türkische Rossstirn aus dem 16.Jh. besteht aus vergoldetem Kupfer. Sie war Teil eines Standbildes zu Ehren des Osmanischen Reichs (spätes 13.–frühes 20.Jh.) in der Irenenkirche in Istanbul.

KÖNIGLICHE RÜSTUNG

König Heinrich VIII. von England erließ Gesetze, die die Zucht größerer Pferde begünstigten. Zu seiner Regierungszeit (1509–1547) wurden im Krieg schon Kanonen eingesetzt, gegen die auch keine schwere Rüstung half. Doch bei Paraden trug des Königs Pferd diesen Harnisch.

Dieser mit Reliefs und Gravuren verzierte und versilberte Rossharnisch, ein Geschenk des deutschen Kaisers Maximilian I. an Heinrich VIII. von England, wurde um 1515 von Heinrichs flämischem Waffenschmied hergestellt.

Bronzener Augenschutz für Pferde (England, 1.Jh.n.Chr.)

TURNIERSATTEL

Dieser Holzsattel aus Deutschland (um 1500) fand in Schaukämpfen mit stumpfen Lanzen Verwendung. Die beiden Bögen lagen an den Hüften des Ritters an und hielten ihn fest im Sattel. Die Turnierpferde trugen eine Rossstirn, die auch die Augen bedeckte, damit sie nicht in Panik gerieten.

Häufig trugen die Ritter noch einen Kopfschmuck in Form eines Tiers.

Topfhelm aus Metall

Handschutzplatte

Kandare

Die heraldischen Farben auf dem Schild finden sich auch auf der Pferdedecke.

LÖWENHERZ

Richard Löwenherz (1157–1199) wurde 1189 König von England. 1190 bis 1192 nahm er am 3. Kreuzzug teil. Auf dem Rückweg geriet er in Gefangenschaft Kaiser Heinrichs VI. und musste sich mit hohem Lösegeld und einem Lehnseid freikaufen.

FUSSANGELN

Vierstachelige Fußeisen (England, 1.–2.Jh.) verletzten feindliche Pferde und hielten so die gegnerische Kavallerie auf.

Reisen zu Pferde

Schon vor über 6000 Jahren trugen und zogen Pferde, Esel und Maultiere Menschen und Güter von einem Ort zum anderen. Die ersten Geschirre und Wagen bestanden nur aus Holz, Knochen und Leder. Vor etwa 3500 Jahren aber begann man Kupfer und Bronze zu verarbeiten, später, vor etwa 2000 Jahren, auch Eisen. Die Verwendung von Metall für Zügelringe, Gebisse, Reifen, Achsen und Naben beschleunigte und verbesserte den Transport mit Wagen in trockenen Gegenden. Im regnerischen Nordeuropa aber blieben Packpferde das bessere Transportmittel, vor allem im Winter. Erst als feste Straßen gebaut wurden (von den Römern und dann erst wieder im Mittelalter, 1100–1500), setzten sich auch hier Pferdewagen durch.

KÖNIGLICHE KUTSCHE
Dieses Foto zeigt einen Nachbau der Kutsche von Königin Elisabeth I. von England (1553–1603) mit einklappbarer Treppe und regensicherem Dach. Ehe diese Kutsche gebaut war, musste auch die Königin in einfachen, offenen Wagen fahren.

STRASSENRÄUBER
Die Schnelligkeit der Stute Black Bess rettete den legendären englischen Straßenräuber Dick Turpin (1706–1739) oft vor dem Gefängnis.

PROTESTRITT
Nach einer Legende aus dem 11. Jh. ritt Lady Godiva aus Protest gegen die von ihrem Mann erlassenen hohen Steuern nackt durch Coventry.

FEDERSCHMUCK
Die Pferde der nordamerikanischen Indianer waren besonders ausdauernde Tiere. Auf ihnen ritten die Indianer in den Krieg und auf die Jagd. Wie sich selbst, putzten die Indianer auch ihre Pferde mit farbenprächtigem Federschmuck heraus.

ZIGEUNERWAGEN
Jahrhundertelang zogen die Roma mit solchen Wagen durch Europa. Woher sie kamen, weiß niemand. Möglicherweise stammen sie aus Indien. Zigeuner benutzen heute kaum noch Pferdewagen, Irlandtouristen aber um so lieber.

LASTTIER
Dieses Steinrelief zeigt, dass die Assyrer vor 2600 Jahren ihre Jagdausrüstung auf kräftigen Maultieren transportierten.

SCHUTZHEILIGER
Der Schutzpatron der Reisenden ist der hl. Christopherus (3.Jh.). Christopherus-Plaketten gelten seit langem als Glücksbringer, heute auch bei Autofahrern.

PILGERREISE
Pilger auf dem Weg zur Kathedrale von Canterbury wurden von Geoffrey Chaucer (um 1345–1400) in seinen legendären Canterbury-Geschichten verewigt.

Bronzestatuette eines Reiters mit Pferd (Nigeria, 18.Jh.)

Segeltuchgedecktes, tonnenförmiges Dach

Deichselarm

Weiß gefesselte Beine

Ein neunjähriges Irisches Zugpferd in traditionellem Romageschirr zieht einen um 1850 in Irland gebauten Zigeunerwagen.

Pferdewagen

Pferdeschlitten mit Fell bezogenen Sitzen für Passagiere und Kutscher (Niederlande, um 1880)

Die ersten Streitwagen hatten massive Holzräder und eine starre Achse. Die Erfindung der leichten Speichenräder machte die Wagen leichter. Vierrädrige Reisewagen kamen erst in der Römerzeit auf. Eine wesentliche Verbesserung stellte die bewegliche Vorderachse dar, die im späten Mittelalter erfunden wurde. Wie heute Menschen ihre soziale Stellung durch die Anschaffung teurer Autos zeigen, geschah dies in früheren Zeiten mit Pferden und Wagen: Die Kutschen und Gespanne waren Statussymbole. Die Armen konnten sich nur einfache Karren leisten oder sie fuhren mit Pferdeomnibussen, die Reichen dagegen besaßen komfortable, prunkvolle Kutschen, die von herrlich geschmückten edlen Pferden gezogen wurden. Die Pflege von Pferden, Geschirr und Wagen war eine aufwendige Sache. Die Pferde brauchten Futter und mussten beschlagen werden (das Hufschmiedehandwerk florierte), die Räder mussten instand gehalten werden (das machte der Stellmacher) und die Kutschen sauber und trocken gehalten werden.

Bronzemodell eines zweirädrigen Pferdewagens (China, Han-Dynastie, 2.Jh.n.Chr.)

Teure, elegante Kutsche mit prächtig herausgeputztem Zweiergespann

WILDER WESTEN
Die ersten Europäer in Amerika, die mit Postkutschen über Land reisten, wurden oft von berittenen und bewaffneten Indianern angegriffen wie auf diesem Bild des amerikanischen Malers George Inness (1854–1926).

Auf diesem überfüllten Pferdebus findet nur noch einer Platz.

Viktoria-Phaeton (um 1880)

WELLS FARGO
1852 gründeten die Amerikaner Henry Wells und William Fargo in San Francisco eine Firma, die Bank- und Transportverbindungen zwischen dem kalifornischen Westen und dem Rest des Landes anbot. Die berühmten Wells-Fargo-Postkutschen transportierten Fahrgäste, Post, Geld und andere Wertsachen.

Vier Welsh Cobs ziehen eine Wells-Fargo-Kutsche (USA, Ende 19.Jh.).

Jagdwagen mit Kutschbock und Stehplätzen für zwölf Jagdgäste (England, um 1880)

Kaltblüter

Das Zeitalter des Pferdes in Asien und Europa dauerte von der Zeit der Griechen und Römer bis ins 19. Jahrhundert. Bevor sie von der Dampfmaschine abgelöst wurden, waren Pferde, Esel und Maultiere nicht nur die wichtigsten Transportmittel, sondern auch unentbehrlich für die Land- und Forstwirtschaft. Sie schleiften Stämme, zogen Bierwagen und Pflüge, droschen Getreide und bewegten Wasserschöpfwerke. Im Mittelmeerraum sowie im Nahen und Mittleren Osten führten Esel (S.24–25) diese Arbeiten aus, in Nord- und Mitteleuropa brauchte man kräftige Pferde, die die schweren Lehmböden pflügen und Güterwagen über schlammige Wege ziehen konnten. Heute werden Kaltblüter aus Europa in alle Welt exportiert – in die USA, Kanada, Australien und sogar nach Japan.

HEUERNTE IN IRLAND
Manche Bauern in Irland arbeiten noch heute mit Pferd oder Esel. Hier wird ein Wagen mit Heu beladen, das den Tieren als Winterfutter dienen soll.

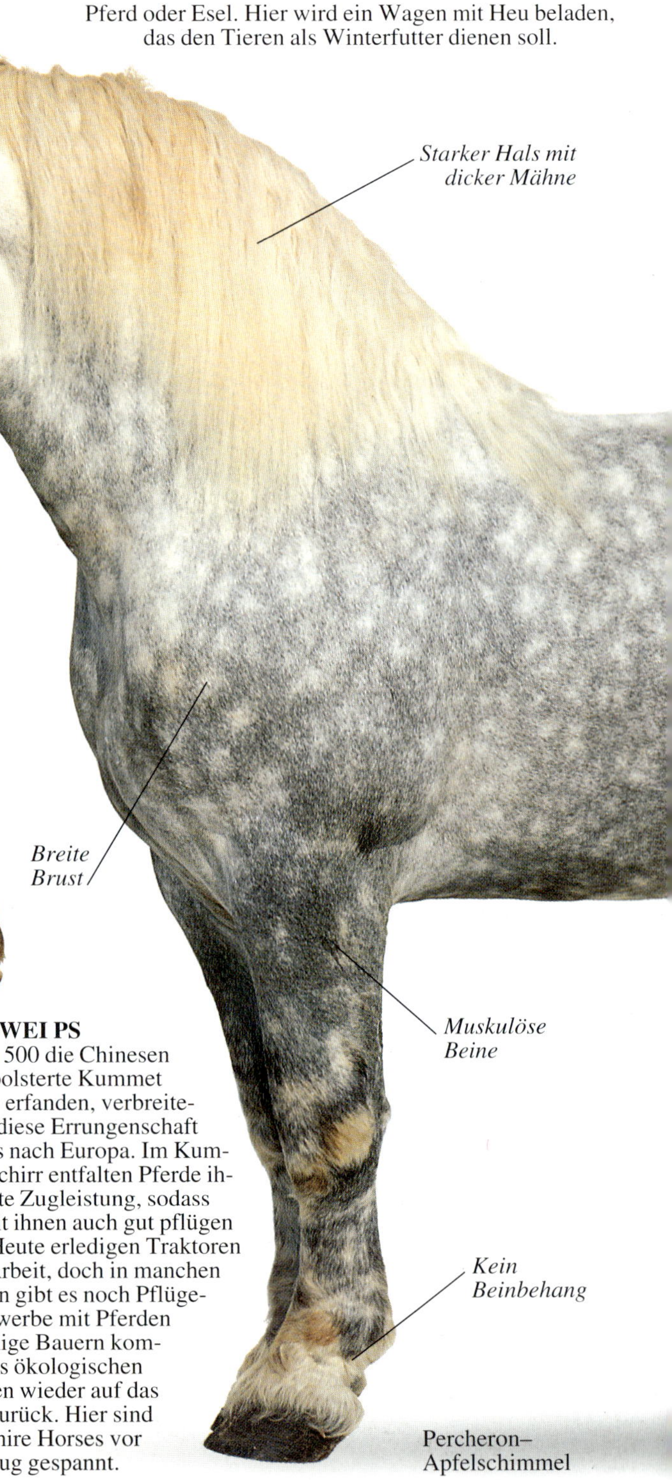

Percheron–Apfelschimmel

BELGISCHER SCHWERATHLET
Der Belgier (Brabanter) ist eine sehr alte und sehr schwere Rasse. Heute wird er noch immer als Ackergaul, vor allem aber als Brauereipferd eingesetzt.

Belgier–Fuchs

MIT ZWEI PS
Als um 500 die Chinesen das gepolsterte Kummet (Kumt) erfanden, verbreitete sich diese Errungenschaft bald bis nach Europa. Im Kumgeschirr entfalten Pferde ihre größte Zugleistung, sodass man mit ihnen auch gut pflügen kann. Heute erledigen Traktoren diese Arbeit, doch in manchen Ländern gibt es noch Pflügewettbewerbe mit Pferden und einige Bauern kommen aus ökologischen Gründen wieder auf das Pferd zurück. Hier sind zwei Shire Horses vor den Pflug gespannt.

BRAUEREIGÄULE
Seit etwa 1800 spielte das Pferd eine zunehmend wichtige Rolle für Brauereien. Selbst die kleinsten Brauereien hatten eigene Pferde und Wagen und beschäftigten Hufschmiede und Stellmacher. Nicht nur zum Ziehen der Brauereiwagen, auch zum Antreiben der Malzmühlen und Wasserpumpen wurden Pferde eingesetzt.

BERGSTEIGER
Haflinger stehen zwischen Warmblut und Ponys. Die muskulösen Kleinpferde erklimmen trittsicher die steilsten Pfade. Diese etwas größere italienische Haflingerzüchtung nennt man Aveligneser.

Aveligneser-Fuchs

Boulonnais-Grauschimmel

FRANZÖSISCHER KRAFTPROTZ
Wahrscheinlich wurden schon zu Julius Cäsars Zeiten orientalische Pferde mit französischen Landpferden gekreuzt, mit Sicherheit aber im Mittelalter. So entstand der Boulonnais, ein sehr edles Kaltblut (Stockmaß 160–170 cm).

Suffolk-Fuchs

GENÜGSAMER RIESE
Das Suffolk (Suffolk Horse, Suffolk Punch) wird seit dem späten 18.Jh. in der Grafschaft Suffolk im Osten Englands gezüchtet. Suffolks sind sehr gutmütig und ausdauernd, dabei brauchen sie weniger Futter als die meisten anderen Kaltblüter. Es gibt fast nur Füchse.

EXPORT-SCHLAGER
Der Percheron aus Nordfrankreich ist eine der am weitesten verbreiteten Pferderassen. In seiner Ahnenschaft finden sich Araberhengste, die den Percheron trotz seiner Größe zu einem eleganten Pferd machen.

NEUE AUSSAAT
Jahrhundertelang spannte man Pferde vor Pflug und Egge wie auf diesem flämischen Bild aus dem 16.Jh.

IM TIEFEN WALD
Wie diese Shire Horses wurden überall in Europa Kaltblüter zum Abtransport gefällter Bäume aus dem Wald eingesetzt.

Auch solche Heuwender wurden von Pferden gezogen.

Der Hafermotor

Ohne Pferde wäre die industrielle Revolution (Ende 18. und 19. Jahrhundert) nicht möglich gewesen. Pferdefuhrwerke transportiertem die fertigen Güter zu den Schiffen, die sie in ferne Länder brachten. Auch in den Fabriken wurden Pferde eingesetzt. Sie trieben die Maschinen an, mit denen man in Brauereien Malz und in Mühlen Getreide zu Mehl mahlte, ebenso Spinnmaschinen und Hochofengebläse. Ponys zogen mit Kohle oder Erz beladene Loren aus den Bergwerksstollen und Schlepper auf Kanälen, denen sie auf Treidelpfaden voranliefen. Auch Busse, Feuerwehrwagen und Güterwaggons wurden von Pferden gezogen. Heute ist das Pferd fast überall durch motorisierte Maschinen ersetzt worden. Doch die Kraft der Pferde findet sich noch heute in den Leistungsangaben von Motoren: Die Motorleistung eines Autos wird in PS, „Pferdestärken“, angegeben (1 PS = 736 Watt).

ÖFFENTLICHER NAHVERKEHR
1564 fuhren in England die ersten öffentlichen Pferdebusse. Doch sehr weit und bequem konnte man auf den schlechten Straßen nicht fahren.

SCHNEETAUGLICH
Bei hohem Schnee braucht man trittsichere Pferde mit breiten Hufen wie diese Haflinger, um Stämme aus dem Wald zu schleifen oder Schlitten mit Gütern oder Personen sicher ans Ziel zu bringen.

Schwer beladener Kohlewagen (England, 1920)

Feuerwehrwagen (England, 1890). Der weite Radabstand erlaubte schnelles Kurvenfahren, ohne dass dabei Wasser verschüttet wurde.

ENTDECKUNGSFAHRT
Pferdegespanne zogen hölzerne Wagen mit Versorgungsgütern ins Innere Australiens. Die Sicherheit der Wagen hing davon ab, wie gut die Räder waren.

Dieses Shire Horse ist in einen Göpel (Rosswerk) gespannt, mit dem eine Mühle angetrieben wird. Der Rundganggöpel befindet sich meist in einem runden Bauwerk, der Göpelscheune.

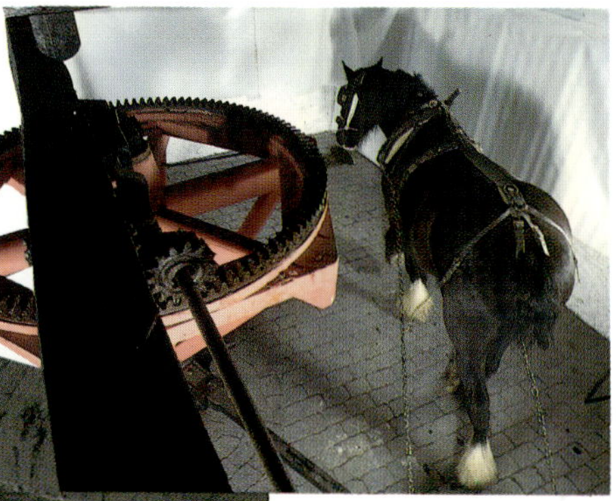

IMMER IM KREIS
Göpelpferde müssen zum Antreiben des schweren Rades immer im Kreis herumgehen.

AUFREIBENDE ARBEIT
Seit der Römerzeit spannte man Esel, Maultiere und Pferde in Göpel. Die Rosswerke trieben Mühlen, Dreschmaschinen oder Schöpfwerke an. Dabei mussten die Tiere immer stumpfsinnig im Kreis herumgehen. Manchmal wurden auch zwei Pferde eingespannt, die für diese Arbeit abgerichtet sein mussten, damit sie nicht aus der Bahn gerieten. Oft verband man den Tieren die Augen, damit sie nicht scheuten.

TREIDELN
Schon im alten Rom zogen Treidelpferde und -maultiere Getreideschiffe den Tiber flussaufwärts. In Holland werden an manchen Kanälen noch heute Treidelpferde eingesetzt.

Einspänniger Hansom (zweirädrige Droschke) für zwei Fahrgäste (um 1850)

Leichte Kutschpferde

Für schwere Zugarbeit benötigte man schwere Kaltblüter. Die meisten Kutsch- und Packpferde sind dagegen Warmblüter oder Halbblüter (S.38). Bis zur Erfindung der Dampfmaschine in den 20-er Jahren des letzten Jahrhunderts waren sie die „Motoren“ der Verkehrsmittel. Vor allem für den Verkehr über Land brauchte man schnelle, ausdauernde Pferde. Nicht immer waren es reinrassige Tiere, die zu solchen Arbeiten herangezogen wurden, aber einige leichte Zugpferde wie der Cleveland Bay blicken auf eine lange Geschichte zurück. Der Name Cleveland Bay ist noch recht jung. Früher nannte man dieses Pferd Packpferd oder Chapman Horse, da es das typische Pferd des „fliegenden Händlers“ (engl. chapman) war.

GUTER ÜBERBLICK
Die speziell geschulten Pferde der berittenen Polizei sind auch heute noch wichtig, wenn Polizisten in einer großen Menschenmenge den Überblick behalten wollen.

PACK-PFERD
Das Pferd dieses Holzfällers in Guatemala ist mit Brettern beladen.

Federschmuck

Der Kummetriemen verbindet die Deichsel mit dem Pferdegeschirr.

Eine schwarze Samtdecke bedeckt die Kruppe des Pferdes.

TRAUERFALL
Früher wurde bei Beerdigungen der Sarg in schwarzen Vitrinenwagen von zwei Rappen mit schwarzem Federschmuck zum Friedhof gefahren.

Königliches Wappen

In diesem vergitterten Polizeiwagen wurden Gefangene transportiert (England, um 1890).

SONNTAGMORGEN-SPAZIERFAHRT
Diese Familie macht einen Ausflug mit ihrer Pferdekutsche (Druck der amerikanischen Lithographen Nathaniel Currier und James Ives, 19.Jh.).

Zwei Grauschimmel vor einem Phaeton (England, um 1840)

STATUSSYMBOL
Zu Beginn des 19. Jh.s rasten halbstarke Edelmänner mit solchen leichten Wagen (Phaetons) durch englische Badestädte. Das Verdeck konnte zusammengefaltet werden wie bei heutigen Cabriolets.

Zwei Welsh Cobs in schwarz-silbernem Geschirr ziehen einen englischen Leichenwagen (um 1850).

Gummibereifter Milchwagen (England, um 1950)

BUFFALO BILL
Am 4. Juli 1882 veranstaltete der ehemalige Büffeljäger und Pony-Express-Reiter Buffalo Bill Cody (1846–1917) die erste Wild-West-Schau mit Reit- und Schießwettbewerben und Broncoreiten.

Das Pferd in Nordamerika

Die Urpferde Nordamerikas starben vor etwa 10.000 Jahren aus. Erst 9500 Jahre später kamen mit Christoph Kolumbus wieder Pferde in die Neue Welt. Seit damals gilt das Pferd als Symbol der Freiheit und des Pioniergeistes. Die Zahl der Pferde konnte bald mit der der Menschen mithalten. Es gab riesige verwilderte Herden und fast jeder Amerikaner hatte ein Pferd. Es zog oder trug schwere Lasten durch die sengende Hitze der Wüsten, es arbeitete in Bergwerken und auf schlammigen Straßen. Auch das Leben der amerikanischen Ureinwohner veränderte sich durch das Pferd. Früher hatten die Indianer ihre Habseligkeiten mit Hundeschlitten oder auf dem eigenen Rücken transportiert. Mit Pferden ging das nun schneller und bequemer. Außerdem ließen sich zu Pferde auch die Büffel viel besser jagen.

EINFACHES LEBEN
Die Amish siedelten zu Beginn des 18.Jh.s in Pennsylvania/USA. Sie entwickelten den Conestoga, einen geschlossenen Wagen, den auch viele andere Siedler benutzten. Die Amish reisen und arbeiten heute wie vor 300 Jahren mit Pferden.

MUSIKPARADE
Die berittene Polizei Kanadas (gegründet 1873) ist weltweit bekannt für ihre farbenprächtigen Musikparaden: rote Uniformen, schwarze Pferde, bunte Fahnen.

Cowgirl in typischer Westernkleidung auf einem 14-jährigen Schecken

WILDER WESTEN
Nicht nur Männer machten Wildwestgeschichte. Es gab auch berühmte Frauen wie Calamity Jane, Annie Oakley oder Belle Starr. Die Bösewichte des Wilden Westens wie Frank und Jesse James, die Dalton Bande, Billy the Kid und Flo Quick wurden von Gesetzesvertretern wie Wyatt Earp und Wild Bill Hickok gejagt – und alles spielte sich zu Pferde ab.

Der Appaloosa mit seiner charakteristischen Scheckenzeichnung (S.40–41) war ein beliebtes Reittier der Indianer.

WILDES RENNEN

Jedes Jahr im Juli findet im kanadischen Calgary die *Calgary Stampede* statt. Bei diesem Rodeo jagen u.a. Teams aus zweispännigen Planwagen und vier berittenen Begleitern über die Rennbahn.

Cowboy auf einem Palomino

RODEOHELDEN

Wichtigster Bestandteil von Rodeos ist das Broncoreiten. Broncos sind halb wilde, ungerittene Pferde. Sie bocken beim Aufsitzen. Um das Bocken zu verstärken, schnallt man ihnen vor den Hinterbeinen einen engen Lederriemen um den Leib. Der Reiter, der sich länger als zehn Sekunden auf dem Pferd halten kann, ist ein gefeierter Held. Entstanden ist dieser Sport aus der Arbeit der Cowboys, die auch Pferde zureiten mussten. In vielen Wildwestfilmen kommen solche Rodeoeinlagen vor.

BÜFFELJAGD

Auf diesem Bild des amerikansichen Malers George Catlin (1796–1872) sieht man Indianer auf ihren Pferden bei der Büffeljagd. Die europäischen Siedler haben die Büffel durch intensive Bejagung fast ausgerottet.

REVERES RITT

Paul Revere (1737–1818) warnte in der Nacht des 18. April 1775 die Siedler in Massachusetts vor den aus Boston herannahenden englischen Truppen – auf einem geliehenen Pferd.

VERFOLGUNGSJAGD

Die Soldaten der Kavallerie saßen oft stundenlang im Sattel. Sie brauchten daher ausdauernde Pferde. Dieses Bild des Amerikaners Frederic Remington (1861–1909) zeigt die US-Kavallerie bei einer Verfolgungsjagd.

Pferdesport

„... Die aber durchmaßen schnell die Ebene ...
Und die Mähnen flogen mit dem Hauch des Windes.“
So beschreibt der griechische Dichter Homer in seiner Ilias (8.Jh.v.Chr.) ein Wagenrennen, das fünf griechische Helden auf der Ebene vor Troja zu Ehren des im Trojanischen Krieg gefallenen Patroklos veranstalteten. Im 7.Jh.v.Chr. waren Wagenrennen auch Bestandteil der Olympischen Spiele. Die Römer bauten später eigene Rennbahnen wie den „Circus maximus“ für solche Veranstaltungen. Nach dem Untergang des Römischen Reiches spielte Pferdesport lange Zeit keine große Rolle. Erst im 11. Jahrhundert gab es in England die ersten Flachrennen. In der Renaissance entstanden Reitschulen, in denen Dressurreiten gelehrt wurde. 1750 wurde in England der erste Jockeyclub gegründet, 1775 kamen in Russland Trabrennen auf. Heute sind die verschiedenen Pferdesportarten beliebter denn je und man investiert viel Geld in die Zucht von Rennpferden.

Georges Seurat (1859–1891), *Zirkuspferd*

Jedes Jahr findet im toskanischen Siena das spannende Palio-Rennen statt.

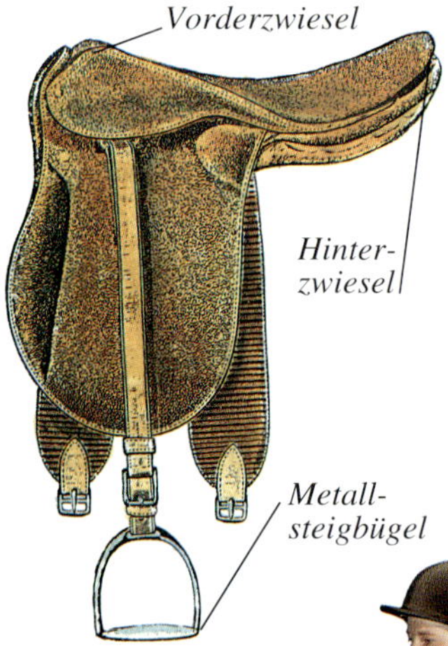

Bei diesem weichen englischen Herrensattel sind Vorder- und Hinterzwiesel sehr flach.

Der Sage nach begründete Pelops (hier in einem vierspännigen Streitwagen) 1222 v.Chr. die olympischen Spiele zu Ehren des Zeus.

Siebenjähriger mittelschwerer Irish-Hunter-Apfelschimmel (Vater Englischer Vollbluthengst, Mutter Irisches Zugpferd)

BIS ZUM NÄCHSTEN KIRCHTURM
Das erste Steeplechase-Rennen fand 1752 quer über die Felder von einem Dorf zum nächsten über Tore, Hecken und andere natürliche Hindernisse statt.

ÜBER DIE HÜRDE
In freier Wildbahn springen Pferde über Hindernisse, wenn sie auf der Flucht sind. Doch ein Hauspferd mit Reiter auf dem Rücken springt selten freiwillig. Ein Springpferd auszubilden und zu reiten erfordert daher viel Zeit und Mühe – und ein springfreudiges Pferd.

SPRINGKURS FÜR ANFÄNGER
Junge Pferde und Reiter trainieren mit niedrigen Hindernissen wie dieser einfachen Stangenhürde.

SPRUNG INS KALTE WASSER
Die dreitägige Vielseitigkeitsprüfung (Military) umfasst Dressur, Geländeritt und Springen auf dem Parcours. Zur Geländeprüfung gehört auch der Sprung ins Wasser. Die Vielseitigkeitsprüfung stellt hohe Anforderungen an Ausdauer, Schnelligkeit und Gehorsam des Pferdes – und an die Fähigkeiten seines Reiters.

Damensättel wurden vor etwa 600 Jahren für die adeligen Frauen entwickelt. Doch noch im letzten Jahrhundert ritten englische Damen so auf die Jagd.

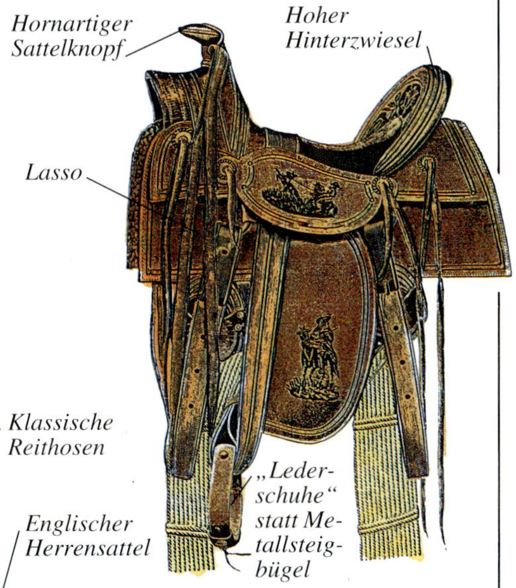

Westernsättel (Cowboysättel) sind an Vorder- und Hinterseite weit hoch gezogen. Das Horn am Vorderzwiesel dient zum Einhänge des Lassos.

SPIEL DER KAISER UND KÖNIGE
In China kannte man Polo schon vor 2500 Jahren. Heute ist es vor allem in Argentinien, den USA, Australien und Großbritannien beliebt. Zwei Teams mit je vier Spielern versuchen den Ball mit langen Schlägern ins gegnerische Tor zu treiben. Ein Spiel besteht aus acht „Chukkers" zu je 7,5 Minuten. (Seidendruck, 17.Jh.)

OHNE HINDERNISSE
Flachrennen sind Galopprennen ohne Hindernisse. Sie führen über Distanzen zwischen 1000 und 4800 m. Das bekannteste Flachrennen ist das Derby. Es ist heute eine der bedeutendsten Zuchtrennen für englische Vollblüter.

Rennen und Dressur

Im Arbeitsleben ist das Pferd weitgehend durch Maschinen ersetzt worden. Dafür spielt es eine zunehmend größere Rolle in Sport und Freizeit. Springturniere und Pferderennen finden immer viele Zuschauer, sei es im Stadion oder vor dem Fernseher. Rennpferde, Springpferde, Dressur- und Militarypferde müssen täglich hart trainiert und motiviert werden, um die erwarteten Leistungen zu erbringen. Beim Rennen nutzt man den Herdendrang der Pferde aus; sie laufen mit anderen mit oder hinter ihnen her. Die Jagd zu Pferde ist der wohl älteste Sport. Im Altertum jagten die Fürsten und Könige hoch zu Ross sogar Löwen. Die Parforcejagd auf lebendes Wild hinter einer Hundemeute her gibt es heute nur noch in wenigen Gegenden. Häufiger ist die Schleppjagd, eine Fuchsjagd ohne echte Füchse. Die Hunde folgen einer vorher gelegten Fährte. Bei der Hubertusjagd braucht man nicht einmal mehr Hunde: Der Fuchs ist ein besonders guter Reiter, den es zu fangen gilt. Beliebt ist auch das Pony-Trekking, ein Sport auch für Kinder.

AN DEN START
Flachrennen finden heute in aller Welt statt. Bekannt sind neben dem englischen Derby das amerikanische Belmont Stakes und Australiens Melbourne Cup. Auf diesem Gemälde des französischen Impressionisten Edgar Degas (1834–1917) warten Pferde und Jockeys in den Farben ihres Rennstalls auf ihren Aufruf an den Start zu gehen.

DURCH WALD UND FLUR
In aller Welt ist Pony-Trekking ein beliebter Freizeitsport für Jung und Alt. Hier reiten Kinder mit ihren Ponys durch einen seichten Bach in den australischen Alpen.

TRAB ODER PASS
Trabrennen sind heute in aller Welt beliebt. Für diesen Sport züchtet man spezielle Rassen, die meist nur traben, d.h. sie setzen die Beine diagonal auf (rechts vorn, links hinten und umgekehrt). Beim Amerikanischen Standardtraber aber gibt es eine zweite Zuchtrichtung, den Pacer (Passgänger), der jeweils zwei Beine einer Seite aufsetzt wie auf diesem Bild.

Dreijähriger American Standard Bred Pacer (Passgänger), Stockmaß 152 cm

RITT ZUM FUJIYAMA
Seit Jahrhunderten versuchen Reiter bei Pferderennen den jeweiligen Geschwindigkeitsrekord zu brechen. Auf diesem Druck des Japaners Katsushika Hokusai (1760–1849) reiten drei Männer um die Wette zum Fuß des Berges Fujiyama.

DRESSURREITEN
Beim Dressurreiten muss das Pferd dem Reiter unbedingten Gehorsam leisten. Im Wettkampf müssen Pferd und Reiter völlige Übereinstimmung zeigen. Die höchste Form des Dressurreitens ist die „Hohe Schule" mit schwierigen Figuren wie der hier gezeigten Piaffe, einem „versammelten" Trab auf der Stelle. Bei der Dressurprüfung geben die Richter für jede Lektion eine Note von 10 (sehr gut) bis 1 (sehr schlecht).

Heute wie vor Jahrhunderten werden die Bögen zum Spielen von Streichinstrumenten mit Rosshaar bespannt.

FAHRPRÜFUNG BESTANDEN?
Auf Pferdeausstellungen in aller Welt sind Fahrwettbewerbe sehr beliebt. 1970 veranstaltete man erstmalig dreitägige Fahrprüfungen (entsprechend der Militaryprüfung beim Reiten) mit Dressurprüfung am ersten, einem 27-Kilometer-Marathon am zweiten und einem Hindernisfahren am dritten Tag.

RÜCKKEHR DER JÄGER
Die Jagd zu Pferde hat eine lange Geschichte. Schon die Assyrer jagten um 2500 v.Chr. hoch zu Ross Löwen und wilde Stiere. Später, wie auf diesem Bild aus einem flämischen Kalender aus dem 16.Jh., waren Rehe und Hirsche das wichtigste Jagdwild. Im 17.Jh. schließlich entstand in England die Fuchsjagd mit speziell dafür gezüchteten Jagdhunden.

Fahrpeitsche

Jockeykappe

Hemd in den Farben des Rennstalls

Den leichten zweirädrigen Trabrennwagen nennt man Sulky.

Ein spezielles Beinhalfter hilft dem Pferd den Passgang beizubehalten.

Gangarten

Man unterscheidet je nach Hufschlag drei verschiedene Takte: Beim Schritt hebt das Pferd nacheinander jedes Bein hoch und fußt wieder auf (Viertakt). Beim Trab berühren jeweils die beiden schräg gegenüberliegenden Beine den Boden (Zweiertakt). Beim Galopp, der schnellsten Gangart, fußen jeweils zwei Beine einzeln, die beiden anderen gemeinsam auf. Neben diesen Grundgangarten gibt es noch den Passgang und den Tölt (langsamer Passgang), bei denen jeweils zwei Beine einer Seite aufgesetzt werden.

Nützliche Ponys

Heute sind Ponys vor allem als Reittiere für Kinder beliebt. Früher jedoch wurden die kleinen Pferde in Nordeuropa als Arbeitstiere eingesetzt, als Packpferde und Ackergäule. Wenn sie zu alt für schwere Arbeit waren, gab man besonders gelehrige Tiere einem Kind, das so frühzeitig reiten und mit Pferden umgehen lernte. Heute ist Reiten eine Freizeitbeschäftigung. Gelegenheit dazu bieten Reitclubs, die auch Leihpferde bereitstellen. Pferdehalter wissen, dass Ponys relativ anspruchslos sind. Die meisten Ponyrassen stammen wie das Dartmoor-Pony oder das Fell-Pony aus Gegenden mit rauem Klima und können selbst im Winter draußen bleiben. Ponys, die bei Ausstellungen präsentiert werden sollen, brauchen mehr Pflege.

DURCH WIND UND WETTER
1860 wurde ein Kurierdienst 3300 km quer durch Nordamerika von Missouri bis nach Kalifornien eingerichtet. Die schnellen, ausdauernden Ponys und ihre Reiter waren oft Unwettern und Indianerangriffen ausgesetzt. Doch sie beförderten die Post innerhalb weniger Tage. Bald wurde der Kurierdienst von der Eisenbahn abgelöst, den Namen Pony-Express aber verbinden die Amerikaner bis heute mit Mut, Schnelligkeit und Zuverlässigkeit.

KLEIN, ABER OHO
Shetland-Ponys sind trotz ihrer Kleinheit sehr kräftig und können schwer beladene Wagen ziehen.

Ein Paar Shetland-Pony-Rappen ist vor einen Wagen mit Heu und einem Sack Futter gespannt.

BEHINDERTENSPORT
Auch für Behinderte gibt es heute die Möglichkeit zu reiten. Diese junge Reiterin lenkt das Pony mit den Beinen über Zügel, die an den Steigbügeln befestigt sind.

Ponypflege

Die Versorgung eines Ponys ist eine verantwortungsvolle Aufgabe, denn das Wohlergehen des Pferdes hängt ganz vom Pferdehalter ab. Das Pony braucht Futter, frisches Wasser, einen Stall, Auslauf, Bewegung und Gesellschaft. Es muss regelmäßig gestriegelt werden, damit sich keine Parasiten im Fell einnisten, und es braucht eine regelmäßige Hufpflege.

Stroh fürs Lager

Zuckerrübe (muss vor dem Füttern 24 Stunden eingeweicht werden)

Kraftfuttermischung aus Gerste, Hafer, Mais, Pferdebohnen und Melasse

Gerstenflocken

Das blau glasierte Tonspielzeug zeigt einen Jungen auf seinem Pony (Ägypten, um 200 n.Chr.)

Pferdedecken aus z.B. Jute, Wolle oder Nylon halten das Pferd im Winter warm oder schützen es im Sommer vor Fliegen und Staub.

Dressur-peitsche

Longen-peitsche

Halfter zum Anbinden oder Führen des Pferdes

KARUSSELPFERDE
Ein Kinderkarussel darf auf keinem Jahrmarkt fehlen. Hier können Kinder sich auf bunten Karusselpferden, die oft Reitbewegungen nachahmen, im Kreis drehen.

Huföl

Putz-Hand-schuh

Striegel

Mähnen-kamm

Kardätsche (weiche Bürste für den Körper)

Heu (als Futter)

Bergmanns-laterne

In Kohlegruben arbeiteten früher auch Kinder und Ponys (hier ein Shetland-Pony).

GRUBENPONYS
In den dunklen Stollen der Bergwerke wurden oft blinde Ponys eingesetzt. In den Minen war es feucht, kalt und dunkel – ein hartes Leben für die Menschen, häufig auch Kinder, und ihre Pferde. Grubenponys hatten sogar ihre Ställe unter Tage, sodass sie in kurzer Zeit erblindeten. Nur in den „Ferien" kamen sie auf eine Weide.

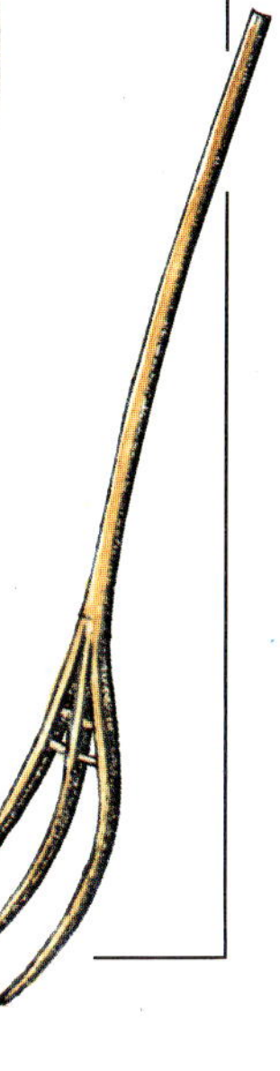

Mistgabel zum Ausmisten des Pferdestalls

Register

Bildnachweis

o=oben, u=unten, m=Mitte, l=links, r=rechts

Aerofilms: 21ol; Allsport: 58or Vandystadt; 59ur Ben Radford; American Museum of Natural History: 8ml, 9ur; Ardea: 14mlo, 14ml, 16m, 17mr Jean-Paul Ferrero; 17ul Joanna van Grusen Barnaby's Picture Library: 43mr, 45ul Bridgeman Art Library: 41ol Archiv für Kunst und Geschichte, Berlin 34ul Bibliotheca Nacional, Madrid; 24 or, 51mur, 60m British Library; 49ol Guildhall Library; 39mu Harrogate Museums and Art Galleries; 35o, 41ol, 56ol, 59om Privatsammlung; 57mo Smithsonian Institution, Washington, D.C.; 32ul Musée Condée, Chantilly; 58ol (Ausschnitt) Musée d'Orsay, Paris; 60or (Ausschnitt) Louvre, Paris; British Museum: Einbandvorderseite ol, 4mor, 7ur, 16ol, 17ur, 22ol, 22ml, 22ur, 23or, 26m, 28m, 33or, 33ul, 46ul Bruce Coleman Ltd.: 12ul C.Hughes; 18u J.&D.Bartlett; 39ol C.Henneghien Mike Dent: Einbandvorderseite mr, 23ol, 27ol, 46mol, 50or, 54ml, 63or Dorling Kindersley: 37or Dave King (mit freundlicher Genehmigung des Motormuseums, Beaulieu); Einbandvorderseite 27or, 36ol, 38 (außer 38ur), 4oul, 41 (außer 41ol, 41ur), 50m, 50–51u, 51or, 51m, 51mr, 56ul, 63m Bob Langrish; Mary Evans Picture Library: 23ul, 32or; Robert Harding Picture Library: 21mr, 24mu, 48or, 51um, 56mr; Alan Hills: 20ul; Hirmer: 33ol; Michael Holford: 31om, 44ol, 47om, 59ul, 60ul; Hulton Picture Collection: 53u, 63ul; Frank Lane Picture Agency: 12ur; Bob Langrish: 37ol, 40ur, 41ur, 54mr, 56ml, 57o, 58um, 59ol, 59or, 61ol, 61om; The Mansell Collection: 42ul; Natural History Photographic Agency: 14 ur Patrick Fagot; 21ur E. Hanumantha Rao; 36ul, 60ml A.N.T.; Peter Newark's Western Americana: 34or, 34ml, 43ol, 48mu, 55ol, 57mu, 57ul, 62o; Only Horses: 37m, 62ul; Oxford Scientific Films: 17om/Anup Shah/Okapia; Planet Earth: 19ur Nick Greaves; Ann Ronan Picture Library: 6or; Royal Armouries: 2m, 43ml, 45om, 45mr; Whitbread-Brauerei: 13mr; Zefa: 12or, 13or, 24mlo, 24ul, 25mr, 35ur, 36ml, 46mu, 52ml, 52ur

Illustrationen: John Woodcock